"十四五"职业教育国家规划教材

供高职高专护理、助产等医学相关专业使用

人际沟通

（第2版）

主　编　肖　丹　韩景新

副主编　奚锦芝　李松桂

编　者　（按姓氏汉语拼音排序）

龚智逊　海南医学院第二附属医院

韩景新　唐山职业技术学院

郝良强　济南护理职业学院

李松桂　广西医科大学护理学院

田　里　长沙卫生职业学院

奚锦芝　大理护理职业学院

肖　丹　长沙卫生职业学院

郑春贵　邢台医学高等专科学校

科学出版社

北　京

内 容 简 介

本教材为“十四五”职业教育国家规划教材之一，共9章，分别为人际沟通概论、人际关系、语言沟通、非语言沟通、沟通技巧、日常人际沟通、职场人际沟通、人际沟通在护理工作中的应用及人际沟通在医疗工作中的应用。每章在正文之外设链接、案例、自测题及参考答案等内容，并配以彩图。本教材紧扣最新护士执业资格考试大纲，特别增设考点提示内容，全面覆盖考点。

本教材可供高职高专护理、助产等医学相关专业使用。

图书在版编目（CIP）数据

人际沟通／肖丹，韩景新主编. —2版. —北京：科学出版社，2020.6

“十四五”职业教育国家规划教材

ISBN 978-7-03-064884-6

Ⅰ. 人… Ⅱ. ①肖… ②韩… Ⅲ. 人际关系学—高等职业教育—教材
Ⅳ. C912.11

中国版本图书馆CIP数据核字（2020）第064992号

责任编辑：张立丽　刘天然／责任校对：杨　赛
责任印制：赵　博／封面设计：涿州锦晖

科学出版社 出版
北京东黄城根北街16号
邮政编码：100717
http://www.sciencep.com
北京建宏印刷有限公司 印刷
科学出版社发行　各地新华书店经销
*
2013年5月第　一　版　开本：787×1092　1/16
2020年6月第　二　版　印张：9 1/2
2024年1月第十一次印刷　字数：222 000
定价：39.80元
（如有印装质量问题，我社负责调换）

前言

Preface

党的二十大报告指出“人民健康是民族昌盛和国家强盛的重要标志。把保障人民健康放在优先发展的战略位置，完善人民健康促进政策。”贯彻落实党的二十大决策部署，积极推动健康事业发展，离不开人才队伍建设。“培养造就大批德才兼备的高素质人才，是国家和民族长远发展大计。” 教材是教学内容的重要载体，是教学的重要依据、培养人才的重要保障。本次教材修订旨在贯彻党的二十大报告精神，坚持为党育人、为国育才；充分体现“以立德树人为根本，以就业为导向，以能力为本位，以发展技能为核心，以岗位需求为标准”的卫生职业教育办学方针和培养理念；适应最新护士执业资格考试大纲的要求。

本教材共 9 章，分别为人际沟通概论、人际关系、语言沟通、非语言沟通、沟通技巧、日常人际沟通、职场人际沟通、人际沟通在护理工作中的应用及人际沟通在医疗工作中的应用，可供高职高专护理、助产等医学相关专业使用。

本教材的内容选择和体例编排体现了以下特点：一是对接临床岗位需求，强调理论与实践紧密联系。从沟通理论学习到实践技能训练、从一般沟通到专业沟通梯次递进，同时配以大量案例、链接等内容，培养学生学习兴趣和岗位适应能力。二是覆盖护士执业资格考试大纲的考点。教材内容紧扣最新护士执业资格考试大纲，标注考点提示及对应习题，实现高频考点的全面覆盖，便于学生巩固所学知识，及早与护考接轨。三是体现数字资源建设。以纸质教材为基础，通过互联网将各类教学资源与纸质教材融合。读者可通过互动教学平台，或用手机扫描二维码，快速实现图片、动画、音频、视频、课件等多种形式教学资源的共享，并可在线浏览重点、考点及对应习题，促进教学活动的高效开展。

本教材的编写得到了长沙卫生职业学院、唐山职业技术学院、大理护理职业学院、广西医科大学护理学院、海南医学院第二附属医院、济南护理职业学院、邢台医学高等专科学校的鼎力支持，在此表示诚挚的谢意。特别感谢长沙卫生职业学院万婷、王睿、朱时懿等老师为图片拍摄付出的辛勤劳动。由于编者水平所限，本教材可能存在疏漏之处，敬请读者和同行批评指正！

编　者

2022 年 11 月

配 套 资 源

欢迎登录“中科云教育”平台，**免费**数字化课程等你来！

本教材配有图片、视频、音频、动画、题库、PPT课件等数字化资源，持续更新，欢迎选用！

“中科云教育”平台数字化课程登录路径

电脑端

- 第一步：打开网址 http://www.coursegate.cn/short/CXNDW.action
- 第二步：注册、登录
- 第三步：点击上方导航栏“课程”，在右侧搜索栏搜索对应课程，开始学习

手机端

- 第一步：打开微信“扫一扫”，扫描下方二维码
- 第二步：注册、登录

- 第三步：用微信扫描上方二维码，进入课程，开始学习

PPT 课件，请在数字化课程中各章节里下载！

目　录

Contents

第1章

人际沟通概论

第1节 沟 通 概 述

案例 1-1

从前，有一个秀才去买柴，他对卖柴的人说："荷薪者过来！"卖柴的人听不懂"荷薪者"（担柴的人）三个字，但是听得懂"过来"两个字，于是把柴担到秀才前面。秀才问他："其价如何？"卖柴的人听不太懂这句话，但是听得懂"价"这个字，于是就告诉秀才价钱。秀才接着说："外实而内虚，烟多而焰少，请损之。"（你的木材外表是干的，里头却是湿的，燃烧起来，会浓烟多而火焰小，请减些价钱吧。）卖柴的人不明白秀才的意思，担着柴就走了。

问题：1. 秀才为什么买不到柴？

2. 秀才与卖柴的人沟通中存在的主要问题是什么？

一、沟通的含义

沟通如阳光和空气一般不可或缺、无处不在，渗透于人们的一切活动之中。随着社会信息化进程加速，沟通变得越来越快捷，也越来越重要。沟通一词最早出现在《左传·哀公九年》中——"秋，吴城邗，沟通江淮"，其本意是指通过开沟使两水相通。现代意义上的沟通指的是个人、组织、社会之间的信息传递、接收、分享和双向交流的过程。在信息化社会里，人们每天都被信息包围着，沟通已成为人们生活中必不可少的重要组成部分。沟通意为"用任何方法，彼此交换信息""沟通是传达、传播、传递被传播之事，如新闻、信息、消息"。多年来，不同领域的学者给沟通下了无数的定义。沟通是指信息发送者遵循一系列共同规则，凭借一定渠道，将信息发送给接收者，并寻求反馈以达到相互理解的过程（图 1-1）。

图 1-1 沟通

二、沟通的特点

把人的观念、思想、情感等看作信息，把人与人的沟通看作信息交流的过程，这在人文科学的研究上是很有意义的突破。

（一）沟通的发生不以人的意志为转移

通常我们认为，只要我们不说话，不将自己的心思告诉别人，那么别人就不会了解，实际上这是一个错误的观念。在人的感觉能力可及的范围内，人与人之间会自然地产生相互作用，发生沟通。无论你情愿不情愿，都无法阻止沟通的发生。例如，某同学得到一个坏消息，心情很不好，上学时情绪不高，无精打采。在这种情况下，每一个看到他的人都会感觉他遇到了麻烦，心情不佳，沟通就在不知不觉中发生了。另外，鸟语花香、春花秋月、气势磅礴等词语的产生也是人与大自然沟通的结果。

（二）沟通的每一个个体都是积极主体

沟通的每个参与者都希望自己的沟通对象具有积极性。沟通时通过把对象看作某种客体，在向其发送信息时，必须判定他的情况，因此，沟通不是简单的“信息传输”，而是一种信息的积极交流。

（三）沟通使用的信息代码及其规则必须是沟通双方都认同的

只有在信息发送者和接收者掌握了统一的编码体系的情况下，才能保证沟通顺利进行。因为在信息交换过程中，信息发送者和接收者的角色经常变换，只有在理解共同符号的条件下才能实现有效沟通。

（四）沟通信息必须内容与关系相统一

任何一种信息沟通，在指定特定内容时，还明确了沟通者之间的关系。在沟通过程中，沟通者必须保持内容与关系的统一，这样才能实现有效的沟通，否则，不仅沟通难以顺利实现，还可能引起冲突。例如，学生向老师汇报班级工作使用“你听明白了吗”这样的问话，就显然不合适。这种问话方式明确的关系是上级对下级，在师生关系中，学生这样用语是不正确的。

（五）沟通涉及语言和非语言能力

语言和非语言是人际沟通的重要工具。两个关系很密切的人可以经常用一些手势和暗示相互沟通交流。例如，一个人向另一个人眨眼可以表示特定的含义；当患者疼痛或情绪异常变化时，护士用手握住患者的手也可以表示安慰、鼓励的意义。

（六）沟通受个人因素制约

沟通者不同的表达能力、理解能力、文化程度、人格特征、心理素质、宗教信仰等直接关系到沟通的成败。当这些内部因素出现“故障”时，人际沟通可能产生完全特殊的沟通障碍。这些沟通障碍同语言符号的对错无关，而是社会性或心理性障碍。

（七）沟通受情境因素制约

现实生活中有许多因素制约着人们的沟通，如生理因素、时间、空间、环境因素等都可制约沟通的效果。

（八）沟通是整体信息交流

心理学家说，仅仅通过一个人走过来，坐在我面前的过程，我对他已经了解了很多。他们就是通过观察对方的举手投足、表情姿态、对人的态度了解的。有一个师范大学学生，不相信老师所讲的“一句话、一个举动可以反映一个人的整体个性”的说法，但等到他自己当老师的时候，才发现事实确实如此。他在讲课时处处试图模仿那位优秀教师，但发现无论怎样模仿，也达不到老师那种效果。老师讲的幽默故事可以让学生哄堂大笑，兴趣盎然，可他重复这一故事时，学生却感到兴味索然。老师在课堂上常做些有力的动作来加强效果和活跃气氛，可是当他也试图模仿这些动作时，他得到的学生反馈却是最讨厌他这些莫名其妙的动作。终于，他领悟到，人的每一句话、每一个动作都是一个有机的整体。脱离了人的整体背景，语言和动作就不再是原来的意义。人只有在自己个性的背景下，自觉地产生与这个背景相统一的语言和动作，才能产生最佳的沟通效果。也只有以此为背景去很好地体会别人的语言和动作的含义，才能最好地理解别人。

三、沟通的过程

沟通是一个复杂的过程，其核心是信息。如果从单向沟通的角度来看，对信息的传递和接收就构成了沟通的过程。但是从双向沟通的特点来看，信息被接收以后，还包括一个接收者反馈和理解的阶段。事实上，沟通是一个互动、渐进的过程，也是一个循环往复的过程。沟通的过程由信息发送者、信息接收者、信息、传递途径、干扰因素、信息反馈、沟通背景等七个要素构成。

（一）信息发送者

信息发送者是指在沟通过程中发出信息的人，也称信息来源，是沟通交流中的主动因素。每个人对所要发出信息的理解、表达和使用能力受诸多因素的制约，包括沟通态度、知识水平、社会文化、沟通技巧等。信息发送者在发出信息时还要考虑所发信息对信息接收者沟通行为的影响，如进行沟通时所用的语言、行为动作要通俗易懂，能让接收者理解。

（二）信息接收者

信息接收者是指在沟通过程中接收信息的人，是信息传递的目标。信息传递是否成功与接收者的理解能力、文化层次和接收程度有很大关系。信息发送者和信息接收者随着沟通过程的变化可以相互转换角色。

（三）信息

信息是指在沟通过程中，双方通过语言或非语言符号传达的内容。在护患沟通中，护理专业性的知识和能力是沟通的主要信息，如促进康复的健康教育内容等。

（四）传递途径

传递途径是指沟通中信息传递的渠道，其是信息传递的手段。在沟通中，要选择与传达信息相适应的传递途径。人们可以通过感觉（包括视觉、听觉、触觉、味觉、嗅觉）的功能来感知信息，也可以通过语言、文字、表情、目光、精神状态、行为动作等方式发出信息或反馈信息。

（五）干扰因素

干扰因素是指沟通过程中影响沟通效果的因素。信息在沟通过程中可能受某些因素的影响，或沟通系统本身存在问题而失真或误传。干扰有时来自沟通者本身，有时来自周围环境。

（六）信息反馈

信息反馈是指信息由信息接收者返回信息发送者的过程，即信息接收者与信息发送者之间针对信息的相互反应。反馈是了解信息是否准确传递到信息接收者的过程，接收者在接收信息后有责任给发送者提供一些反馈。

（七）沟通背景

沟通背景是指沟通发生的场所、环境和周围的各种条件，包括沟通时间、自然环境、心理因素、文化背景、经历等。在沟通中，要了解一个信息所代表的意义，不能只看信息表面的意思，还要考虑信息的背景因素，它关系到沟通是否能顺畅达成。

四、沟通的类型

根据不同的沟通符号、沟通渠道或沟通目的，沟通可分为不同类型。这里简要介绍几种常见的沟通类型。

（一）语言沟通与非语言沟通

1. 语言沟通　是指以语言文字为媒介的一种简单、快捷、有效的沟通方式。包括口语和书面语的沟通。利用语言交流信息时，只需要参与交流的各方对情境的理解高度一致。此种方式所交流信息的意义损失最少。

2. 非语言沟通　是指以非语言符号（仪容仪表、面部表情、眼神、手势、语音语调等）为媒介的一种信息交流方式，是语言沟通的补充形式，也可单独使用。非语言沟通虽然在很多时候是对语言沟通的补充，但其沟通效果有时比单纯的语言沟通还要真实。

（二）直接沟通与间接沟通

1. 直接沟通　是指运用人类自身固有的手段，无需媒介作中间联系的沟通，如面对面的谈话、演讲、课堂授课等，它是沟通的常用方式。

2. 间接沟通　是指依靠诸如信件、电话、电报、短信、邮件等为媒介的沟通。这类沟通方式日益增多，并改变着社会的生产方式、人们的生活方式及人们的沟通方式，拓宽了沟通的范围，提升了沟通的效率。

（三）正式沟通与非正式沟通

1. 正式沟通　是指在组织中依据规章制度明文规定的原则进行的沟通，如文件上呈或下传、召开会议、工作情况汇报、组织之间来往的公函、教师上课等。其优点是沟通渠道固定，信息权威性高，信息传递准确、规范；缺点是信息传递速度慢、互动不足。

2. 非正式沟通　是指通过正式渠道以外的信息进行交流和传递。其没有明确的规范和系统，不受时间、地点的限制，没有固定的传播渠道或媒介，如私下交换意见、传播小道消息、私人聚会等。其优点是形式灵活、便捷、速度快；缺点是信息不可靠、容易失真。

（四）单向沟通与双向沟通

1. 单向沟通　是指信息单向流动的沟通。在沟通时，沟通双方的地位不变，信息的流动只由一方向另一方进行，另一方接收信息而不向对方发送信息，如做报告、演讲、发布命令、观看电影电视等。其优点是接受面广、速度快；缺点是不能及时地反馈信息。

2. 双向沟通　是指信息双向流动的沟通。在沟通时，发送信息者与接收信息者之间的地位不断发生变换，信息沟通与信息反馈多次往复，如讨论、协商、谈判和交谈。其优点是双方的信息能够及时反馈校正，准确可靠；缺点是信息传递速度慢。沟通中的绝大多数都是双向沟通。

（五）上行沟通、下行沟通和平行沟通

1. 上行沟通　是指自下而上的沟通，即下级向上级反映情况的沟通。例如，科室向医院领导汇报工作，学生、教师向学校做教学反馈等。其功能在于组织决策层及时而准确地了解工作运行状况，成员的意见、意愿及建议，以便做出正确决策。

2. 下行沟通　是指自上而下的沟通，即上级把政策、目标、制度、规则等向下级传达的沟通，如国家法律法规、文件、单位通知等。其功能在于安排工作、布置任务等。

3. 平行沟通　是指组织或群体中的同级机构和成员之间的横向沟通。例如，朋友间的信件往来、医生之间的沟通、护士之间的沟通、同学之间的互动。其功能在于调整组织或群体及其成员之间的关系，减少摩擦和冲突，增进相互间的合作和友谊。

（六）同文化沟通和跨文化沟通

1. 同文化沟通　指相同文化背景的个人或群体之间的沟通。沟通主体的文化背景相同，人们的沟通渠道、语言文字、历史传统、思维方式、思想观念、生活环境、生活习惯、禁忌喜好、宗教信仰基本相似，沟通时更容易达成共识。

2. 跨文化沟通　是指不同文化背景的个人或群体之间的沟通。随着经济全球化的发展，不同文化之间的沟通更为频繁和密切。不同国家和地区在地理状况、历史发展、语言文字、宗教信仰、伦理道德等文化背景方面存在差异，使得人们在沟通过程中解读同一现象或表达方式时出现明显差异，因而产生不同的沟通效果。

第2节　人际沟通概述

人际沟通是沟通的一个领域，是人与人之间的信息交流和传递。人际沟通是指人们为达到某种目的，应用语言和非语言符号系统进行信息交流，使彼此了解、相互信任并适应对方的一种活动过程。人际沟通自古就有，从“结绳记事”“沙漏记时”到“烽火传令”“鸿雁传书”，从“刻龟甲”“书木简”发展到互联网，人类用自己的智慧创新着沟通、实践着沟通、享受着沟通。而人们在沟通过程中不仅仅是单纯的信息交换，也是思想、情感的相互渗透。正如萧伯纳所说，你有一个苹果，我有一个苹果，我们彼此交换，每人还是一个苹果；你有一种思想，我有一种思想，我们彼此交换，每人可拥有两种思想。

一、人际沟通的层次

随着人们交往的深入、信任程度的变化，人际沟通的层次也随之改变。一般而言，沟通层次越高，获得的信息量越大。人际沟通的层次由低级到高级一般分为五个层次。

考点
沟通的层次

（一）一般交谈

一般交谈是指日常应酬语，如“您好”“有什么需要我帮助的吗”“今天天气真好”“伤口还疼吗”“今天感觉好些了吗”等招呼语。这些语言有助于在短时间内打开局面并建立友好关系，属于比较浅层的沟通。

（二）陈述事实

陈述事实是指不参与任何个人意见地报告客观事实的沟通。在临床护理工作中，这一层次的沟通用于护士与患者之间，主要是让患者陈述病情，护士不参与意见或诱导。

（三）交换意见

交换意见是指沟通双方建立了一定的信任，可以互相交换彼此的意见和看法的沟通。这一层次的沟通用于护患之间就患者病情或治疗措施展开讨论。

（四）交流感情

交流感情是指沟通双方彼此非常信任，互相表达对事物的想法或对事件的反应。这一层次的沟通使人们有了安全感和信任感，可以做到坦诚、热情地交换思想、情感。

（五）共鸣沟通

共鸣沟通也称沟通高峰，是指一种短暂的、完全一致的感觉，是人际沟通的最高境界。沟通双方很少能达到这一层次。共鸣沟通维持时间较短，只能偶尔自发地达到高峰。

二、人际沟通的原则

要在人际沟通中利用不同的沟通方式建立有效的沟通，达到沟通的目的，就必须遵循一定的沟通原则。

（一）换位思考

换位思考就是要站在他人的立场上感受和理解他人的情绪、思想，站在他人的角度思考和处理问题。孔子说过“己所不欲，勿施于人”。沟通时若能设身处地、将心比心，了解并尊重他人的想法，不轻易否定对方，就比较容易达成解决问题的办法。

（二）正确运用非语言行为

非语言行为是伴随语言行为发生的，是生动的、持续的，可更直观形象地表达语言所不能表达的思想情感，其比语言行为更接近事实。特定环境下的非语言行为具有特定的意义，它能够稳定对方的情绪，改善对方不良的心理状态，增强对方的信心，使交流的氛围更和谐，让对方获得更多关爱、体贴、理解和同情。交流双方可通过观察对方的表情、动作、手势等了解彼此的心理需求和心理变化，满足对方的生理及心理的需求。由此可见，交流双方恰当地应用非语言行为能弥补语言沟通的不足，促进双方沟通，提高交流质量。

（三）真诚交流

人是感情动物，人们期待充满爱的相处。爱能融化人们内心的悲伤、恐惧和忧虑，带给人们温暖和鼓励。只有在心理上相互容纳、相互理解、相互尊重，才能真诚交流（图1-2）、达成共识。

（四）彼此满足

沟通是一个相互传递信息的过程。任何人思想的产生都有其内在的根源，只有真正满足双方内在的和外在的需要，不试图改变对方观点或强加自己的意图时，沟通才能顺利进行。

链 接 钥匙

一把坚实的大锁挂在大门上，一根铁棍费了九牛二虎之力，还是无法将它撬开。钥匙来了，它瘦小的身子钻进锁孔，只轻轻一转，大锁就“啪”地一声被打开了。铁棍奇怪地问：“为什么我费了那么大力气也打不开，而你却轻而易举地就把它打开了呢？”

钥匙说："因为我最了解他的心。"这个故事告诉我们：每个人的心都像上了锁的大门，任你再粗的铁棒也撬不开。唯有关怀，才能把自己变成一把细腻的钥匙，进入别人的心中，了解别人。所以沟通时一定要多为对方着想，以心换心，以情动人。

三、人际沟通的特征

（一）目的性

人际沟通以改变对方的态度或行为为目的，是沟通时一方对另一方的心理干预过程。人们进行人际沟通时有明确的目的性，都会对自己发出的信息产生何种反馈有所期许和判定。例如，患者突发腹痛，与护士就疼痛原因进行沟通；与他人闲聊，即使是一些不重要的话，也因为满足了彼此互动的需求而感到愉快与惬意。

（二）持续性

人际沟通具有持续性，是因为它包含语言和非语言的成分。例如，在一次集体讨论会上，你虽然没有发言，但是别人却可以通过你的沉默对你的想法进行推论。沟通中你的情绪可以经面部表情、行为动作表现出来，成为可判断你思想、情感、意见的依据。

（三）关系性

人际沟通的关系性指在沟通中人们不只是分享内容及意义，也显示彼此间的关系。在互动行为中涉及关系的两个层面，一种是呈现于关系中的情感，另一种是相互关系的控制。关系中的情感表明双方关系的亲疏和远近。在相互关系的控制中有互补关系和对称关系两种。在互补关系中，两个人中谁的权力较大，谁的沟通信息就可能是支配性的，而另一人则是在接受支配。在对称关系中，人们不同意有谁能居于控制的地位，当一人表示要控制时，另一人将挑战他的控制权以确保自己的权力。互补关系比对称关系较少发生公然的冲突。

（四）情境性

人际沟通是在一定的交往情境下进行的，因此沟通始终受情境因素的影响和制约。情境因素包括社会、心理、时间、空间等，这些因素会在某种程度上有利于沟通的进行，促进人际沟通的良好效果，也可能产生特殊的沟通障碍。

四、人际沟通的作用

人际沟通是人际交往的润滑剂，是人们在社会生活中获得心理满足、建立良好人际关系不可或缺的活动。人际沟通在护理工作中具有至关重要的作用，无论是护患关系的建立，还是医护关系、护际关系的发展，均依赖于有效的人际沟通。人际沟通在护理工作中的主要作用包括连接作用、精神作用和调节作用。

（一）连接作用

沟通是人与人之间情感连接的主要桥梁，在建立和维持人际关系中具有重要作用。在护理工作中，沟通同样是护士与医务工作者、患者之间情感连接的主要纽带（图1-2）。

图 1-2 连接作用

（二）精神作用

沟通可以加深积极的情感体验，减弱消极的情感体验。人们通过沟通可以相互诉说各自的喜怒哀乐，从而增进彼此之间的情感交流，增进亲密感；通过沟通，患者可以向医护人员倾诉，以保持心理平衡，促进身心健康。

（三）调节作用

通过提供信息，沟通可增进人们之间的理解，调控人们的行为。护理人员通过与服务对象进行有效沟通，可帮助护理对象掌握相关的健康知识，正确对待健康问题和疾病，建立健康的生活方式和行为。

五、人际沟通的影响因素

在人际沟通的过程中，沟通效果受多种因素的影响，主要因素包括环境因素和个人因素。

（一）环境因素

1. 噪声　嘈杂的环境会影响沟通的顺利进行。在沟通过程中，周围环境的喧哗、电话铃声、车辆声、谈笑声等与沟通无关的噪声均会分散沟通者的注意力，干扰沟通信息的传递。因此，安静的环境是保证沟通效果的重要条件之一。

2. 距离　沟通双方的距离不仅会影响沟通者的参与程度，还会影响沟通过程中的气氛。一般而言，沟通者之间较近的距离容易形成亲密、融洽、合作的气氛，而较远的距离则易形成防御、冷漠甚至敌对的气氛。

3. 隐秘性　当沟通内容涉及个人隐私时，若有其他无关人员在场，如同事、亲友等，会影响沟通的深度和效果。因此，沟通者应特别注意环境的隐秘性。有条件时，最好选择无其他人员在场的环境；无条件时，应注意减低声音，避免让他人听到。

（二）个人因素

1. 生理因素　沟通者的生理因素包括永久性生理缺陷和暂时性生理不适，均可影响沟通的效果。

（1）永久性生理缺陷：包括感官功能不健全，如听力、视力障碍；智力不健全，如弱智、痴呆等。永久性生理缺陷者的沟通能力将长期受到影响，需采用特殊沟通方式。

（2）暂时性生理不适：包括疼痛、饥饿、疲劳等暂时性生理不适因素。这些因素将暂时影响沟通的有效性，当生理因素得到控制或消失后，沟通可以正常进行。

2. 心理因素

（1）情绪：是一种具有感染力的心理因素，可直接影响沟通的有效性。一般而言，轻松、愉快的情绪可增强沟通者沟通的兴趣和能力；焦虑、烦躁的情绪将干扰沟通者传递、接收信息的能力。沟通者在特定的情绪状态时，常会导致对信息的误解，如当沟通者处于愤怒、激动状态时，对某些信息会出现过度的反应；当沟通者处于悲痛、伤感时，对某些信息会出现淡漠、迟钝的反应。

（2）个性：是个人对现实的态度及其行为方式所表现出来的心理特征，是影响沟通的重要因素之一。一般情况下，热情、直爽、健谈、开朗、大方、善解人意的人容易与他人沟通；而冷漠、拘谨、内向、固执、孤僻、以自我为中心的人很难与他人沟通。

（3）态度：是人们对其接触客观事物所持有的相对稳定的心理倾向，其以各种不同的行为方式表现出来。真心、诚恳的态度有助于沟通的顺利进行，而缺乏实事求是的态度可导致沟通障碍。

3. 文化因素 文化包括知识、信仰、习俗和价值观等，它规定和调节人的行为。相同文化背景的人容易达成共识，而不同的文化背景很容易使沟通双方产生误解，造成沟通障碍。

4. 语言因素 语言是极其复杂的沟通工具。沟通者的语音、语法、语义、措辞及语言的表达方式均会影响沟通的效果。

自测题

一、单选题

1. 以下关于人际沟通概念的描述，不正确的是（　　）
   A. 沟通是双向、互动的过程
   B. 沟通是信息的传递、感情的交流
   C. 沟通的目的是准确理解彼此信息的含义
   D. 沟通的意义在于积极有效
   E. 沟通是双向理解的过程

2. 人际沟通的实现要借助于语言符号系统和非语言符号系统，下列选项中不属于非语言符号系统的是（　　）
   A. 动作　B. 书信　C. 表情
   D. 音乐　E. 距离

3. 心理学观点认为，人际沟通（　　）
   A. 无规律可言
   B. 只要有人就可以进行
   C. 有时也可以借助报刊来实现
   D. 不一定有目的
   E. 只能用语言表达来实现

4. 根据社会心理学的观点，下列关于人际沟通作用的论述中，不正确的是（　　）
   A. 人际沟通可以调节沟通者本人的行为
   B. 人际沟通一定能够协调组织内部关系
   C. 人际沟通有利于增强团结
   D. 人际沟通是保证个人心理健康成长所必需的
   E. 人际沟通能满足彼此的心理需要

5. 人际沟通有很多功能，其中协调作用是指（　　）
   A. 人际沟通可以协调人体各部分的功能
   B. 所有的人际沟通都可以协调组织内部的关系
   C. 人际沟通可以促进个人的社会化进程

D. 人际沟通可以消除个体间的误会
E. 人际沟通可以免除法律制裁

6. 某家的父亲很有生活情趣，经常会将自己的一些感受写到纸上，分散于家中各处，与妻子、儿女分享，这属于（　　）
A. 单向沟通　B. 口头沟通　C. 下行沟通
D. 上行沟通　E. 书面沟通

7. 沟通的要素不包括（　　）
A. 信息发送者　B. 信息接收者
C. 信息的好坏　D. 信息的途径和反馈
E. 途径

8. 按沟通渠道有无组织系统，可将人际沟通分为（　　）
A. 有意沟通和无意沟通
B. 语言沟通和非语言沟通
C. 正式沟通和非正式沟通
D. 单向沟通和双向沟通
E. 上行沟通和下行沟通

9. 人际沟通的特征不包括（　　）
A. 普遍性　B. 目的性　C. 多样性
D. 制约性　E. 情境性

二、简答题

1. 举例说明沟通的要素。
2. 理解课堂内容，说说影响人际沟通的因素有哪些？

（奚锦芝）

第2章 人际关系

第1节 人际关系概述

案例 2-1

在某高职院校就读的大一学生小慧几次找班主任要求退学。经班主任了解，同学们说小慧会弹吉他，文章写得很好，人也漂亮。听说她要退学，大家非常吃惊。而小慧退学的理由是她感觉同学们看不起她，总在背后议论她，也不和她交往，自己很孤独。

问题：1. 小慧要求退学的根本原因是什么？

2. 大学新生应该怎样适应新环境？

一、人际关系的含义

1924年，美国哈佛大学的教授团在芝加哥某工厂做"如何提高生产率"的实验时，发现人际关系是提高工作效率的关键，从而首次提出了"人际关系"一词。人际关系属于社会学的范畴，也被称为人际交往，是人们在生产或生活中所建立起来的一种社会关系，包括亲属关系、朋友关系、学友（同学）关系、师生关系、雇佣关系、战友关系、同事关系及领导与被领导关系等。人是社会动物，每个个体均有其独特的思想、背景、态度、个性、行为模式及价值观。人际关系对每个人的情绪、生活、工作都有影响，甚至对工作氛围、组织沟通、团体运作、工作效率均有极大的影响，因此建立良好的人际关系是一门学问。

人际关系有广义和狭义之分。从广义角度看，人际关系是指人与人之间的关系。从狭义角度看，人际关系是指人们在工作或生活活动过程中，通过人与人之间的相互认知、情感互动和交往行为所形成和发展起来的一种相互关系。人际关系的本质是人与人在相互交往的作用下所形成的直接的心理关系，反映了个体或群体满足其社会需要的心理状态，它属于社会心理学范畴。

人际关系是每个人社会生活和职业生涯中最为重要的课题，良好的人际关系是舒心工作与安心生活的必要条件。作为一名合格的护士，在临床护理工作中除了掌握护理学专业知识、技能以外，还要储备人际关系的相关理论知识及改善人际关系的方法，以便提高护理工作效率，为医疗护理对象提供更优质的服务。

二、人际关系的特征

（一）社会性

人是社会的产物，社会性是人的本质属性，是人际关系的基本特征。生活在社会上的个体，随着社会发展和科学进步，其活动范围不断扩大，活动内容逐渐丰富，人际关系的社会属性也在逐渐增强。

（二）目的性

人际关系的建立和发展过程均具有不同程度的目的性。人际交往双方根据各自在社会中所扮演的角色、社会地位或预期效果的不同，具有不同的目的性。在临床护理工作中，救死扶伤、完成临床护理工作任务，是护士与患者建立人际关系的目的。而患者与护士建立人际关系的目的就是解除病痛、早日康复。两者在认知、情感及交往的互动中达到各自的目的。

（三）渐进性

人际关系的发展是循序渐进的过程。如果违背了应有的顺序，急于求成，有时会适得其反。例如，面对新入院的患者，护士直接向对方了解其个人生活隐私，会使对方反感，从而对护士产生不信任感，阻碍良好护患关系的建立。

（四）多重性

人际关系具有多角色、多因素的特点。每个人在社会交往中扮演不同的角色，在父母面前是儿女的角色，在伴侣面前是丈夫或妻子的角色，在孩子面前是父亲或母亲的角色，在同学（同事）面前是朋友的角色，在患者面前是医生或护士的角色等。在扮演各种角色的同时，又会因物质利益或精神因素导致角色的强化或减弱。这种多角色多因素的状况使人际关系具有多重性。

（五）多面性

由于社会生活受多方面因素的影响，每个人的文化背景、生活经历、知识结构、性格等不尽相同，人的思维、情感及需要不可能是单方面的，因而表现出人际关系的多面性、多层次性。

（六）复杂性

人是自然属性和社会属性组成的统一体。复杂的生理、心理及社会因素导致个人的复杂性，而由两个或两个以上的人所组成的人际关系更加复杂。在人际关系的互动过程中，由于人们交往的目的不同，交往的结果可能出现心理距离的拉近或疏远、情绪状态的积极或消极、交往过程的冲突或和谐、执行任务的合作或对抗、评价态度的满意或不满意等复杂现象。

三、人际交往的动机

考点
人际交往的动机

在人际交往过程中，不论是群体与群体，还是个体与群体，发生交往关系的主体都是个人。交往行为既是个人需要的驱使，又是群体意向的集中，是个体与群体需要的综合体现。从表面上看，人际交往活动在形式上是复杂多样的，在时间上是随机发生的，在内容上是琐碎的，在对象上是多变的，似乎不存在任何确定性和规律性。事实上，人际交往是商品交换的广义形式，它同商品交换一样遵循“等价”的基本原则，而这个“等价”原则一方面需要借助于社会的各种政治、经济和文化方面的外部约束力来维护，另一方面需要借助个人的情感和意志所产生的内部驱动力来维护。

（一）亲和动机

人是社会性的动物，每个人都注定要与他人建立一定的关系。亲和动机出自人的本能，是人们亲近、接近他人的愿望。亚里士多德从本能论观点出发，以行为界定的方式，将与他人的亲和理解为一种本能；柏拉图从生存论观点出发，将亲和理解为人类生存的必需。心理学认为亲和动机是一种重要而又极其复杂的衍生性动机，是人们寻求友谊，建立、发展友谊的动力。亲和动机强的人，对朋友、对家庭、对群体充满了向往，渴望与他人建立深刻的情感联系，渴望成为某群体中的一员。

（二）成就动机

人是一种理性动物。成就动机历来是心理学家高度关注的课题，它是个人对于自己认为重要的工作，努力去做并尽量做好的心理倾向。任何人都不能没有成就动机，每个人都能在自己的工作中做出不同程度的贡献，达到或超过自己原本希望达到的标准，获得成就。而成就的衡量可以采用既定的标准，更经常的是个人完成工作后与他人相比较而得出。成就动机显著影响着人们的交往行为，成就动机强烈的人，为了取得事业的成功，乐意与人交往、与人合作，具有强烈的竞争意识，在交往中总是首先明确告诉对方与之交往的目的，向对方提出希望和要求，从而实现追求成功的愿望，满足自我发展。

（三）赞许动机

人们在工作上取得成就，获得他人或集体的鼓励和称赞，获得心理上的需要和满足。赞许动机促使人们为了取得他人的赞赏而努力工作。赞许动机是被社会心理学家用来解释社会行为的一个重要动机，人们正是通过社会对个体行为的赞许或否定，逐渐辨别是非，树立社会规范，确立价值标准，进而约束自己的行为。有人甚至认为，社会赞许是人最根本、最纯粹的心理需要。成就动机最终是建立在赞许的基础上的，如果他人不赞许为取得成就而做出的努力，也许就不会努力去争取成功。赞许动机实质上是一种取得成就和得到同伴、组织及社会的认可、尊重和赞扬的需要，它对交往行为的驱动和强化是显而易见的。

四、人际交往的心理效应

社会心理学研究表明，人际交往的内容和效果都受到彼此知觉和情境的影响与制约，知觉情境发生变化，则社会知觉也会发生不同的心理效应。

考点
人际交往中的首因效应、自我投射效应的应用

（一）首因效应

首因效应一般指人们初次交往接触时各自对交往对象的直觉观察和归因判断，即最初印象，也称为第一印象。首因效应在心理学中也被称为“先入为主”。人与人第一次交往所留下的印象在对方的脑海中形成并占据着主导地位。因此，首因效应对人的印象的形成起着决定性的作用。初次见面，我们会根据对方的表情、体态、仪表、谈吐、礼节等，形成对方给自己的第一印象。第一印象一旦形成，要改变它就不那么容易，即使后来的印象与最初的印象有差距，很多时候我们会自然地服从于最初的印象。首因效应是一种直观的感觉，所形成的第一印象往往不太可靠，但它是一种客观存在的心理现象，是不可回避的，第一印象决定交往是否延续，并影响今后的交往质量和结果。所以我们必须要重视人际交往中的首因效应，力求在人际交往中给人留下良好的第一印象。例如，在交友、招聘、求职等社交活动中，我们可以利用这种效应，展示给人一种极好的形象，为以后的交往打下良好的基础。同时，也应该明确全凭第一印象判断一个人是不正确的。

（二）近因效应

近因效应是指最近获得的信息比原来获得的信息影响更大的现象。最近获得的信息

对人的认知具有强烈的影响，最后留下的印象往往比较深刻，这就是心理学上的所谓“后摄”作用。近因效应是相对于首因效应而言的，由于最近时间获得的信息，使过去形成的认识或印象发生了质的变化。例如，一个你熟悉的普通孩子考取了重点大学，使你突然对他刮目相看。近因效应在人际交往中普遍存在，如某人平时表现很好，可一旦做了件错事，就容易给别人留下很深的负面影响。特别是平时两人关系很好的同学，因为一件小事就闹矛盾，甚至反目为仇，根本不考虑平时两人的深厚友谊，这些都是近因效应的表现。另外，在人际交往中应该注意克服近因效应带来的认知偏差，要学会用动态的、发展的、历史的、全面的眼光看待他人，与他人建立良好的人际关系。在与陌生人交往时，首因效应起的作用较大，而与熟人交往时，近因作用较为明显。

（三）晕轮效应

晕轮效应也称“月晕效应”，是指由知觉对象的某一特征推及其总体特征，从而美化或丑化对象的倾向。人们在评价他人时往往喜欢从好的或坏的局部印象出发，扩散到好或坏的整体印象，就像月晕（或光环）一样，从一个中心点逐步扩散成一个越来越大的圆圈，所以有时也称晕轮效应为月晕效应或光环效应。晕轮效应往往在恋爱时更明显，正所谓“情人眼里出西施”。情人在相恋的时候很难发现对方的缺点，认为他（她）的一切都是好的，做的事都是对的，就连别人认为的缺点，恋人看来也是可爱的，产生一好百好的感觉。晕轮效应所产生的认知偏见是一种明显的从已知推及未知，由片面看全面的认知现象，往往会歪曲一个人的形象，导致不正确的评价。

（四）移情效应

移情效应是指把对特定对象的情感迁移到与其相关的人或事物上，引起同类心理效应。自己高兴时，花鸟虫鱼都无比美好，自己悲伤时，天空大地都一片暗淡，即所谓的“爱屋及乌”。移情效应首先表现为“人情效应”，即以人为情感对象而迁移到相关事物的效应。例如，喜欢交际的人经常会说“朋友的朋友也是我的朋友”。这是把对朋友的情感迁移到相关的人身上的行为，表现为“为朋友两肋插刀”。移情效应用在人际关系上就是投其所好，以对方喜欢的人或物为媒介，使得对方把对他所喜欢的人或物的情感转移到自己身上，从而建立双方的良好关系。

（五）社会刻板效应

社会刻板效应指的是人们对某类人或事物形成的比较固定的看法。例如，人们习惯认为，知识分子是戴着眼镜的“白面书生形象”，法国人浪漫，英国人保守，女性温柔细心，男性粗犷豪爽等。这些都是社会刻板效应的表现。社会刻板效应的形成主要是由于在人际交往过程中，只能与其中的一部分成员交往，由人们所接触的部分去推知这个群体的“全体”。社会刻板效应有其合理的一面，“物以类聚，人以群分”，居住在同一个地区、从事同一种职业、属于同一个种族的人总会有一些共同的特征，一般说来是有一定道理的。但是，“人心不同，各如其面”，社会刻板效应毕竟只是一种概括而笼统的看法，带来的更多的是负面效应，如种族、民族、性别偏见等。在人际交往中，以点代面，刻板地看人，容易产生判断上的偏差和认知上的错误。

（六）自我投射效应

自我投射效应是指在交往的过程中，人们总是假设他人和自己有相同的倾向，即把自己的特性投射到他人身上，从而形成对他人的印象。典型的投射效应如“推己及人”“以小人之心度君子之腹”。认为别人和自己一样有着相同的好恶、相似的观点。这种情况在人际交往中的表现形式是多种多样的。例如，有的人对别人有成见，总以为别人对他也怀有敌意，甚至觉得对方的一举一动都带有挑衅色彩；自己感兴趣的东西，也以为别人同样感兴趣，便高谈阔论地讲个没完；自己喜欢议论别人，就总认为别人也在背后议论他。自我投射效应是一种自我防御的反应，有时有利于人们相互理解，有利于进行自我心理调节，但人际交往中的主观臆断也常常会造成误会和矛盾。

链 接 牧师与养牛者

被誉为“伟大的沟通者”的美国前总统里根，言辞幽默，反应灵活，谈话既温和，又能打动人心。里根常对幕僚讲这样一个故事：某个星期天，一位年轻牧师将做生平第一次讲道，结果发现，空荡荡的教堂长椅上只坐了一个人。牧师问那人：“你觉得我该怎么办？”那人回答说：“我不太清楚，我只是个养牛的，但如果我到牧场发现只有一头牛，我还是会喂它。”于是，牧师走向讲台，滔滔不绝地讲道。讲完后问那人：“你觉得怎么样？”那人回答：“我不太清楚，我只是个养牛的，但如果我到牧场发现只有一头牛，我绝不会把全部的饲料都塞给它！”

第2节 人际关系理论

一、人际吸引理论

（一）人际吸引的概念

人际吸引是人与人之间在交往过程中情感方面的相互接纳和喜欢，是建立人际关系的第一步。人际吸引理论是由社会心理学家G.L.克劳尔和D.A.伯恩在1974年提出的，又称为强化理论。

人际吸引也称为“人际魅力”，是指在社会交往中个体或群体之间相互接纳和喜欢的现象，通常表现为心理距离的缩短。人们大多以喜爱或不喜爱作为评价吸引力的标准。西方社会心理学把人际吸引作为人际关系中的一个中心问题予以重视。

（二）人际吸引形成和发展的过程

人际吸引形成和发展的过程包括注意、认同、接纳和交往四个环节。

1. 注意　是指人们在交往初期，交往一方感知到另一方的存在，对其外表、语言、表情等方面产生了兴趣，或是交往的另一方从人群中凸显出来，引起交往方的兴趣。

2. 认同　是交往一方对选择出来的交往对象，由注意延伸到产生兴趣，继而对交往对象的认知进一步拓展，并对其给予积极和正面的评价。在认同阶段，交往一方对对方的一切信息倍加关注，经过一段时间的相互了解，如果认知的结论证明交往对象的情况与自己相似，交往一方便会对交往对象产生好感，进一步产生接近的意向。

3. 接纳　是交往一方在情感上与对方相容，表现出关心、喜欢、好感等。交往双方在此阶段的信息交流开始涉及个人的诸多方面，双方有安全感，情感得到发展，促进双方加强联系。若双方关系在此阶段出现裂痕，将会阻碍情感的发展，影响交往的进行。

4. 交往　随着双方接触次数的增多，人与人之间的吸引力得到了巩固和发展，交往双方得以认同和接纳，基本确立了两人之间的人际吸引，从而使情感交流更有深度，有效地加强了双方的交往效果，最终发展为双方在心理上的相互依赖，使得人际交往进入良性发展的轨道。

（三）人际吸引的规律

人际吸引也称“人际魅力”，是指在社会交往中个体和群体之间相互接纳、相互喜欢的现象，通常表现为心理距离的缩短。在人际交往的过程中，了解不同需要、不同个性、不同思维方式的个体怎样相互选择、相互吸引，对于交往双方相互认知行为、预测行为、引导行为，以及提高人际吸引力和交往能力是很有必要的。人际吸引的规律可归纳为熟悉吸引、接近吸引、互惠吸引、对等吸引、互补吸引和能力吸引等。

1. 熟悉吸引　熟悉是指交往双方清楚了解彼此各方面情况。人类在长期演化过程中形成了一种喜欢熟悉事物、不喜欢和恐惧未知事物的心理倾向。人们需要了解周围世界，探寻它们的意义。人们不仅对注意到的事物会增加喜爱的感觉，如果没有注意到的事物反复出现，也会增加人们积极的体验。例如，电视上反复播放的广告、影视演员也会吸引人们的关注。

2. 接近吸引　是指交往双方有诸多接近点，能够缩小交往双方相互之间的时空距离和心理距离，使得双方彼此相互吸引，成为知己。一般而言，交往双方生活的空间距离越小，越容易接近，如同学、同事、邻居，由于双方所处环境相同、空间距离近、接触机会较多，极易相互吸引。另外，如果双方兴趣爱好、性格特点、态度观点相似或价值观、世界观一致，也容易相互吸引。例如，惺惺相惜、物以类聚、英雄所见略同等词语表达了相似的人易结交成友的实际意义。

3. 互惠吸引　趋利避害是人的本性。如果人们通过交流、认知，得到了收益、酬偿，彼此间吸引力提升的概率就会变大。这种收益和酬偿包括知识的、生理的、心理的、政治的等需要的满足。通常，估计获得收益、酬偿的概率越大，吸引力就越大，两者是成正比的。一方面，交往双方以自己的表情、姿态和言语动作给对方带来愉快的情感体验，增加彼此间的相互吸引。如果一方真情实意，另一方虚情假意，会使交往双方产生心理隔阂，无法心灵相通、传递真情实感。另一方面，每一个正常人都有被他人尊重、信任、认可的需要。俗话说，尊重他人也就是尊重自己，说明只有首先尊重对方，对方才会以同样的态度和方式回报予你。切忌目中无人、待人傲慢而引起对方的反感，导致交往障碍。在人际交往中，如果双方在志趣相投、志同道合的基础上，一方帮助另一方进一步提升，助其目标实现，会使双方的吸引力增强，交往概率提高。因此，应该培养自身成为博学多才的人，让与你交往的人有所受益。

4. 对等吸引　是指人们都喜欢那些同样喜欢自己的人，即“爱人者，人恒爱之；敬人者，人恒敬之”。一般来说，人们都愿意被他人肯定、接纳和认可，都喜欢接纳自己的人。自信心强的人，不会因人们对其的喜欢或排斥使自我评价受到很大的影响；而自信心不足的人，会因人们对其的喜欢或厌恶使自我评价受到干扰。对等吸引应当遵循循序渐进的规律。

5. 互补吸引 需要是社会交往的原动力。当交往双方的个性或需要及满足需要的途径刚好成为互补关系时，就会产生强烈的吸引力。互相补偿的范围包括能力特长、人格特征、需要利益、思想观点等方面。互补吸引的原因是人们都有自我完善的倾向，当这种追求个人无法实现时，便会设法从他人身上获得补偿，以满足个人的需要。例如，性格外向、武断、脾气暴躁的人与性格内向、谨慎、脾气随和的人配合工作时，能够相互取长补短，团结合作。互补吸引在上下级关系中的支配与服从、家庭关系中的夫唱妇随体现得最为突出。

6. 能力吸引 人们一般都喜欢聪明能干、有水平有专长的人。吸引朋友的良好品质有信任、忠诚、热情、支持、帮助、幽默感、宽容等，其中，忠诚是友谊的灵魂和核心。美国社会心理学家阿希等的试验表明，热情也是吸引他人的核心品质。在人际交往中，合理运用热情，能使人感到温暖、愉快，易受到他人的喜欢。另外，如“追星族”这一社会现象，说明社会地位和声望同样会产生光环吸引力，使人倾慕。

正确地理解人际吸引理论有助于护士在临床护理工作中与患者、患者家属及其他医务工作者建立良好的人际关系，从而满足交往双方的心理需要，以便提升自身的人际吸引力，促进临床护理工作的顺利开展。

二、建立良好人际关系的策略

（一）重视印象整饰

印象整饰又称“印象管理”，是指有意识地控制别人，形成自己所需要的形象的过程。即通过有意识地修饰，主动而适度地展现自己的形象，使之在他人心目中形成良好的第一印象。人际交往中，因为首因效应和晕轮效应的存在，要求人们与人初次交往时必须重视印象整饰。选择适当的言辞、得体的表情和动作，可使他人对自己产生好感。美国社会学家戈夫曼认为，人在生活舞台上演出的种种行为和戏剧表演一样，分前台和后台。前台是展现于观众（即交往对象）面前的一种情境，个人前台专指印象整饰。人们一旦进入前台，就会尽量使自己的种种外表和举止同他人的期望相一致，若要做到这一点，位于前台的人必须以理想化的形象、表达的控制及一定的社会距离等手段来取得观众的信任和尊重。印象整饰的意义在于影响他人的行为，特别是他人对自己看法。在与交往对象首次交往时，要根据对方的特征、交往的目的和交往的情境选择合适的装束，有些场合甚至要事先对交往对方的知识、言辞、表达和动作做一番必要的准备，以保证交往活动顺利进行，给对方留下一个美好的印象。

（二）主动提供帮助

社会交往理论已经告诉人们，任何一个人只有当一种关系对他们来说是值得的，他才愿意并试图去建立、维持。我们要想同他人建立良好的人际关系，对他人进行帮助是十分重要的（图2-1），这里的“帮助”不仅是单纯的物质支持，还包

图2-1 主动提供帮助

括情感支持，因为人与人之间的相互帮助首先是情感的，然后才是物质的。因此，对他人的帮助应该是广泛的，既包括情感上的支持、对痛苦的分担、对观点的赞同，又包括积极向上的建议、解决困难和物质支持等。这样不仅容易确立良好的第一印象，还有助于迅速缩短人与人之间的心理距离。当他人在健康、情感、生活和工作上遇到困难或危机时，给予及时的帮助，则很快就可以赢得其信任，人们常说的“患难之交”就是最好的体现。

（三）关注对方兴趣

交往双方往往处在两个不同的情感和理解的基点上，对不同的事物有着不同的兴趣和关注重点。根据接近吸引的规律，交往时必须寻找对方的共同点，只有双方的兴趣和关注点汇聚在一起时，才能真正达到有效沟通并加强相互关系。兴趣与关注点汇聚是一个渐进的过程，需要双方都将注意力投向对方，而不是只集中在自己身上。如果一个人只是关注自己，以自己的理解和情感作为唯一的出发点，那么自然难以关注对方的兴趣和爱好，肯定会降低自己对他人的吸引力，继而淡化彼此交往的倾向性。

（四）肯定对方自我价值

每个人都有强烈的自我价值保护倾向，当人们的自我价值面临威胁时，机体就会处于强烈的自我防卫状态，即一种焦虑状态，这与人们的不愉快情绪有直接关联。因此，人们对否定自我价值的人有强烈的排斥情绪。称赞是对他人的肯定，每个人都有得到他人肯定和尊重的需要。选择恰当的时机和适当的方式表达对他人的赞许是增进彼此情感的催化剂。与人交往时，要经常给予他人恰如其分的鼓励，如在逆境时给予安慰，在取得进步时给予肯定。

（五）经常互致问候

人际关系是以情感联系为纽带的，双方之间的交往是维持和增进情感的联系手段。人们常说“远亲不如近邻”，这是由于远亲之间虽然有血缘等亲情关系，但因为相隔距离较远，给彼此交往带来一定困难，造成双方之间的熟悉、密切程度不如交往频率较高的邻居。可见，彼此的经常交往对维持密切的人际关系是至关重要的，而交往的方式也可以是多种多样的，其中节假日、生日的问候和拜访是一种最常用的方式，这会使对方感到格外温暖和感动。

三、人际关系与人际沟通的辩证关系

考点
人际关系与人际沟通的辩证关系

人际关系与人际沟通之间既有密切联系，又有一定的区别。

（一）人际沟通是人际关系形成和发展的基础

人际沟通是指人与人之间彼此传递信息和寻求共同了解的过程。从动态的角度看，人际交往是指人与人之间的信息沟通和物质交换。从静态的角度看，人际交往是指人与人之间通过动态的相互作用形成的情感联系，即通常所说的人际关系。人际关系是人们在进行物质交往或精神交往的过程中发生、发展、建立的人与人之间的关系。离开了人际沟通的行为，人际关系就不能建立和发展。人际沟通建立在人际关系的基础上，是形成和发展人际关系的途径。因此，不论人际关系的形式和类型如何，其形成和发展都是人和人之间沟通的结果。护士职业成功最重要的因素之一是护士的人际沟通能力。

（二）人际沟通状况决定人际关系状况

人际关系是人们在社会交往活动中相互形成的心理关系，而人际沟通则是形成人际关系的一种手段，是一项自然而然的、无所不在的活动，正如人体的骨骼肌肉系统连接整个人体一样，人际沟通连着整个社会系统。无论是在家里、单位，还是在公共场所，都需要与人沟通。如果沟通双方在情感和心理上有着广泛而长期的联系，说明他们之间建立了较好的密切的人际关系，其表现为心理距离亲近。如果双方在情感和心理上缺乏沟通，说明他们之间心理距离疏远，难以相容，从而会出现人际关系紧张。同时，人际关系一旦确定之后，又会影响并制约人际沟通的频率和状态。但人际沟通频率的高低与人际关系的亲疏并无相关关系。因此，不同类型的人际关系在沟通频率与关系疏密方面的表现也有着明显的差异。

（三）人际沟通与人际关系的研究重点不同

人际沟通是人们运用语言和非语言符号系统进行信息交流的过程，侧重研究人与人之间联系的形式和程序。人际关系是人们在社会生活中通过相互认识、情感互动和交往所形成和发展起来的人与人之间的相互关系，侧重于研究人与人沟通过程中的心理和情感关系。

人际关系与人际沟通的辩证关系的核心在于人际沟通是建立良好人际关系的手段和过程，人际关系是人际沟通的目的和结果。

实践训练 自我介绍

主题：自我介绍	地点：教室		时间：1课时	
目标：1. 掌握人际关系及运用人际吸引理论 2. 理解首因效应和晕轮效应 3. 掌握印象整饰				
活动名称	活动流程	学生准备 物品准备	注意事项	时间分配
观看视频	自我介绍案例	自我介绍稿件	让学生观摩视频，注意发现要点	10分钟
个人展示	学生逐一上台介绍	推选一名学生主持人，组织安排上台顺序	每人展示时间不少于1分钟	20分钟
技能收获	1. 学生互相点评 2. 教师讲解要点		请学生总结	10分钟
活动小结	总结本次实践活动的表现，开展交流讨论			5分钟

自测题

一、单选题

1. 关于人际关系的描述，错误的是（　　）
   A. 人际关系是人与人之间通过相互认知、情感互动和相互交往而形成和发展起来的
   B. 人际关系具有社会性
   C. 人际关系反映了个体满足社会需要的生理状态
   D. 人与人在相互交往的作用下所形成的直接的心理关系
   E. 人际关系属于社会心理学范畴

2. 不属于人际关系特征的是（　　）

A. 复杂性　B. 渐进性　C. 目的性

D. 多变性　E. 稳定性

3. 一名已婚并有孩子的护士，其在人际关系中的特征属于（　　）

A. 社会性　B. 渐进性　C. 复杂性

D. 多重性　E. 目的性

4. 下列关于护患关系的理解不正确的是（　　）

A. 护患关系是一种帮助与被帮助的关系

B. 护患关系是一种治疗关系

C. 护患关系是以护士为中心的关系

D. 护患关系是专业性互动关系

E. 护患关系在护理活动中形成

5. 以下哪项不属于影响人际关系的因素（　　）

A. 仪容修饰　B. 交往频率　C. 身高体重

D. 个性品质　E. 双方互补

6. 以下哪项不属于首因效应（　　）

A. 恶人先告状　B. 招聘现场的自我介绍

C. 同学聚会　D. 一见钟情

E. 新官上任三把火

7. 在护患关系建立初期，其主要任务是（　　）

A. 确定健康问题　B. 收集资料

C. 制订护理计划　D. 解决健康问题

E. 建立信任关系

8. 下列哪项不属于晕轮效应（　　）

A. 你敬我一尺，我敬你一丈

B. 一好百好，一差百差

C. 情人眼里出西施

D. 以偏概全

E. 明星丑闻

9. 下列有关人际关系与人际沟通的辩证关系的描述，不正确的是（　　）

A. 人际沟通是人际关系形成的前提

B. 人际沟通是人际关系发展的根本途径

C. 人际关系的建立需要人际沟通

D. 人际关系是人际沟通得以延续的载体

E. 人际关系是人与人之间信息交流和传递的交流活动与过程

二、简答题

人际关系的特征有哪些？

（奚锦芝）

第3章
语言沟通

案例 3-1

早上6点，儿科病房护士小周给5床的小女孩乐乐抽血时，因乐乐血管太细，左右手臂都无法抽出血，她便抱怨："这孩子怎么回事？"然后小周在孩子大腿股动脉扎了一针，还是没有成功，她又抱怨："这孩子真麻烦！"她还打算在孩子颈动脉抽血，但是遭到了一直在旁抱着孩子配合抽血的父母的拒绝，之后父母把孩子抱走了。

上午8点多，小周把5床孩子父母拒绝配合抽血的情况报告给护士长。护士长却告诉她，她被孩子父母投诉了，科室正准备找她了解情况。

问题：1. 小周被投诉的原因有哪些？

2. 如果你是小周，给乐乐抽血时，你会怎么处理碰到的问题？

第1节　语言沟通概述

语言是人际沟通的重要载体。人类借助语言进行思想和情感的交流，相互了解，共同生活；人类还借助语言进行思维活动，揭露事物的本质和规律，创造人类的物质文明和精神文明。如果没有语言，人类就无法进行有效沟通，就没有社会经验的积累、保存、传授与领会，就没有基本的社会活动。人们用于沟通的语言形式通常有口语沟通和书面语沟通。医护人员与患者的语言沟通在患者康复过程中是可以发挥积极作用的。临床医护工作中，医护人员之间、医护人员与患者之间的语言沟通是非常重要的，如果沟通不畅或未有效沟通，可能会给医护工作带来不必要的隐患。

一、语言沟通的性质

语言沟通是指以词语符号为载体实现的沟通。所谓语言，是一种以语音为物质外壳，以词汇为建筑材料，以语法为结构规则而构成的符号系统和信息载体。《现代汉语词典（第7版）》对语言的解释是：语言是人类所特有的用来表达意思、交流思想的工具，是一种特殊的社会现象，由语音、词汇和语法构成一定的系统。"语言"一般包括它的书面形式，但在与"文字"并举时只指口语。根据上面的解释理解如下：①语言应指人类的语言，人与人之间通过语言来交流沟通；②语言包括语音、词汇、语法等具体内容；③语言应包括书面语言和口头语言。沟通本质上是信息的传递，而信息是抽象的，必须借助于一定的符号代码才能成为可以"捉摸"的东西，才能进行传递。

语言沟通是指沟通者处于某种需要，运用有声语言或书面语言传递信息的社会活动。只要有人群活动的地方就需要语言，人们用语言进行思想交流，以便在认知现实、改造现实的过程中协调相互之间的行为，取得最佳效果。

二、语言沟通的功能

（一）交流信息情报

交流信息情报是语言沟通的主要功能。通过语言沟通，人们可以更直接、迅速、广泛地获取信息，传递信息，交换信息。在临床实践中，语言沟通可以让我们获得患者有关病情的基本资料，由此做出相应的临床诊断并及时地处理。

（二）心理保健

通过沟通，人们可以相互表达各自的情感，缓解内心紧张、焦虑的情绪，释放压力，得到他人的共鸣和同情，从而获得精神上的安慰，呈现出良好的心理状态。

（三）和谐人际关系

通过语言沟通，可使沟通双方交换信息、观点、意见和建议，深化人与人之间的感情，赢得他人的信任，创造和谐的人际关系。

（四）交际工具

语言沟通对于沟通的主体来说，在许多情况下是为了实现某种目的而进行的，所以具有工具性作用。语言沟通是我们参与社会活动最主要的交际方式，如演讲比赛、朗诵比赛、洽谈生意、主持会议、聚会等，任何一个活动都离不开语言的沟通。

（五）社会整合功能

语言是组成社会必不可少的一个因素，是人类区别于动物的重要特征。语言是联系社会成员的桥梁和纽带，没有语言人类就无法交际，人与人之间的联系就会中断，社会就会崩溃。通过人际间的语言沟通，可以把分散的个体联合起来，组成不同的社会群体，形成不同的社会关系。所以，语言沟通对社会具有整合作用。

三、语言沟通的原则

语言是双方信息沟通的桥梁，是双方思想感情交流的渠道。在语言沟通方面，正如每个人都有自己独特的个性一样，每一个人在与他人沟通时也都有自己的习惯，其中有好的，也有需要纠正的。为了今后更好地进行人际交往，我们应注意培养自己良好的语言习惯。

（一）谦虚有礼

在人际交往中，恭敬而自我谦让是有效沟通、增进友谊的必要条件。在与人初次打交道，或在会议和谈判等公务场合，言谈举止彬彬有礼的人都能给他人留下深刻印象。反之，傲慢粗鲁的言行会给人留下不好的印象，从而给进一步交往带来阻碍。

（二）平等真诚

语言交流双方在人格上是平等的，尊重对方是语言沟通中最起码的美德。沟通时要态度诚恳、真心实意、不虚伪，更不说假话。

（三）区分对象和场合

不同的人在不同的场合有不同的交往语言，如果应用不当，就会造成误解，引起不快。俗话说，交浅不言深，相识不久或关系不够密切的人，说话的亲密程度是要把握好的。

（四）防止口头禅

语言交流中常见的口头禅有两种，一是说话带脏字；二是说话时常带有指责和轻蔑意味的词语，如“笨蛋”“胡说”等。

（五）尊重隐私和回避忌讳

不论是富豪雅士，还是平民百姓，都能够一起交谈，他们都是平等的。交谈的话题应该是大家都感兴趣的，如社会活动、新闻时事等。但是，类似年龄、家庭财产、个人收入、婚姻状况、宗教信仰等涉及个人隐私和应避讳的话题，最好不要提及，更不要紧追不放（图 3-1）。

图 3-1 尊重隐私

第 2 节 语言沟通的类型

一、单向口语沟通

（一）口述

1. 定义 口述，即口头叙述，是以“我”的口吻来表达自己在一定时期的所见所闻、所思所感，是一种单向的语言交流。口述适用于内心独白、讲故事或者资料收集，其中以口述资料收集使用最广泛。

2. 口述资料的优势

（1）亲历性：口述资料都是当事人亲身经历的，具有真实性和震撼力。

（2）情感性：口述资料都是经当事人口述而记录下来，必然会不自觉地加入了当事人对事件的理解，因而具有一定的情感性。

（3）角度丰富：不同的人对同一口述事件的理解是不同的。不同的观察角度可以使我们更深入地了解多维的历史，丰富对历史的整体感知。

3. 口述资料的缺陷 当事人口述的是回忆已经发生过的事件，口述时必然会出现加入自己的理解或遗漏的情况，使得口述资料缺乏整体性和真实性。

（二）讲话

讲话，是指说话、发言或谈话。人际交往和工作中一般包含日常说话和正式场合讲话。

1. 日常说话 是指用语言表述事实或表达态度的交际方式。说话一般是边想边说，是人际交往中比较随意的语言沟通方式。但若要做到会说能说，却是需要下一番苦功夫的。

（1）学会倾听：倾听是一项技巧，也是一种个人修养。在人际语言交往中学会倾听，加强注意力并认真理解，不仅是尊重对方的体现，也使倾听者能够更深刻理解说话人要表达的意思和意图，避免出现理解不全面甚至误解的情况。

（2）练习基本功：一是能够对音节进行准确发音，避免出现方言中的发音不清晰甚至混淆等问题；二是储备丰富的词汇，并能够准确使用和生动表达；三是掌握正确的语法规范，语言表达结构完整、清晰流畅，让人便于理解。

（3）养成良好的说话习惯：一是树立自信心，敢说多说；二是强化先想后说的语言习惯，重要内容先列讲话提纲，甚至写好草稿；三是从潜意识里习惯文明礼貌用语。

2. 正式场合讲话 是指为了表达某一主题，在正式场合下宣讲或传达相关内容的语言交际活动。按照用途、性质来划分，讲话主要分为开幕词、闭幕词、会议报告、动员讲话、总结性讲话、纪念性讲话等。

在正式场合讲话，主讲者一般都有讲话稿。讲话稿的特点是有明显的针对性、较大的鼓动性、一定的通俗性、规范的条理性和特定的对象。例如，迎新生文艺晚会致辞、在医院优秀护士表彰大会上的讲话等，都是典型的正式讲话类型，需要事先准备好讲话稿。

（三）演讲

1. 演讲的含义及类型 演讲，又称为讲演或演说，是指演讲者在特定的时境和公众场合，以有声语言为主要手段、以体态语言为辅助手段，针对某个具体问题，主题鲜明、结构完整地发表自己的见解或主张，阐明事理或抒发情感，从而进行宣传鼓动的一种语言交流活动。

演讲的类型灵活多样，没有固定不变的规定。根据内容、形式、场合等，演讲可以分为多种类型。例如，从内容上，可分为学术演讲、教育演讲、法律演讲、军事演讲、公共关系演讲和外交演讲等；从形式上，可分为论辩演讲、即兴演讲和命题演讲；从场合上，可分为课堂演讲、法庭演讲、电视演讲和广播演讲等。

2. 演讲的特点 演讲，顾名思义，由“演”和“讲”相结合，“讲”是主要手段，“演”只是辅助手段。演讲作为人类的一种语言交际活动，在当今社会各行各业都逐渐显示出重要作用，受到人们的普遍关注。

（1）针对性：演讲是一种在公众场合进行的具有社会性的语言交流活动。它以思想、感情、事例和理论来吸引听众，感染听众，必须要有针对性地提出听众关心的问题，评论和论辩要雄辩有力，观点要引起听众共鸣并使听众心悦诚服，这样才能获得理想的演讲效果；同时，要根据不同场合和不同对象为听众设计有针对性的演讲内容。

（2）鼓动性：演讲是一种富有巨大影响力的交际活动，以其缜密的逻辑和特有的情感抒发方式感染和打动听众。好的演讲自有一种激发听众情绪、赢得喝彩的鼓动性。好的演讲要有见解精辟、思想深刻、发人深思的演讲稿，还要有形象生动并富有感染力的语言表达。

（3）艺术性：演讲是一门艺术。演讲的艺术性主要表现在语言、形象和声音都给人以艺术的美感。演讲者要对演讲稿的结构、用词和情感表达进行精雕细琢，演讲中还要对声调的高低、语速的快慢、体态语的运用及着装等进行设计，以达到最佳的演讲艺术效果。

（4）整体性：演讲要有演讲稿、演讲主体、听众对象和特定的时空环境，这些都是演讲活动的整体构成。撰写演讲稿时要考虑听众的文化层次、工作性质、品味修养等，演讲中还要考虑语言表达、时长、空间、现场氛围等，这样才能保证演讲效果。

3. 演讲的技巧

（1）演讲稿写作：写好演讲稿或拟好演讲提纲是演讲的关键一步，演讲标题、逐渐深化的论点、论据、结论和提议都是重要的环节。演讲稿要注重选材立意，切中听众关心和迫切要解决的问题；在表达手段上可采用叙述、议论、抒情相结合；语言表达上多用短句，少用长句，还应适当幽默，并适当运用双关、反语等修辞手法，以吸引听众的注意力。

（2）心理准备：演讲前有些紧张或者羞怯心理是正常的，但不要让自己的情绪被紧张和恐惧包围，否则会影响演讲的正常进行。演讲前要努力调整好自己的心态，可通过深呼吸降低心理负担，然后把台下听众当成自己的亲朋好友，这种暗示可有效缓解紧张情绪，确保演讲顺利进行。

（3）语言表达：其技巧包括演讲音量适中、音质优美、吐字清晰、语言表达连贯、语音语调自然流畅、语速快慢得当等。

（4）演讲礼仪：包括着装得体整齐、仪容干净整洁、举止端庄得体、面部表情自然不造作、手势恰当到位、眼神清亮有神、位置移动沉稳等。

二、双向口语沟通

案例 3-2

一天，学生陈某不小心碰翻了同学卢某盛满粥的碗，卢某被溅了一身粥。陈某心里觉得不好意思，但他却什么也没说，也许是不知道怎么开口。这时，卢某有了怒气，说："你没长眼睛呀？"陈某听了，声音也不小地说："干吗？我又不是故意的。"卢某说："不是故意的，就算了？"陈某说："那你还想干吗？"两人你一言，我一语，就吵了起来，最后还打了一架，进了保卫科。

问题：1. 他俩为什么会打架，是他们喜欢打架吗？

2. 假若你是陈某或卢某，你怎么处理当时的情况？

（一）交谈

交谈是医疗工作中最重要的语言沟通方式。医护人员在与患者交流的过程中，经常需要通过交谈去采集病史、收集资料、核对信息、护理心理、健康宣教、征求意见等。所以了解交谈基本知识、学习交谈的基本方法、掌握交谈的技巧，可以让我们的生活、工作变得更轻松、更顺利（图 3-2）。

图 3-2　交谈

1. 交谈的含义与特点

（1）交谈的含义：交谈就是交流双方（或多方）以对话的方式进行思想、情感、观点、信息交流的活动过程。交谈可以说是我们日常生活和工作中最常用的一种交流方式，而且也是最简单、快捷、灵活的一种交流方式。例如，护士向患者询问病史资料、健康状况，护士之间交流思想和工作情况，科主任向护士了解病房的情况等。交谈可以通过面对面的形式，也可以通过电话、网络等形式进行。交谈是人的知识、聪明才智和应变能力的综合表现，具有很强的临场性、现实性和及时性。良好的交谈能帮助人们增加知识、获取信息、解决问题和达到目标，也能帮助人们冰释前嫌、消除误会、改善关系和增进友谊。

案例 3-3

护士："王大姐，您好，明天要给您做手术，请问您有什么顾虑吗？"

患者："我有点紧张，害怕手术。"

护士："我理解，但您不必担心，您得的是子宫肌瘤，我们妇产科每年要做300多例，属于小手术，主刀医生和麻醉师都是一流的，请放心。"

患者："听您这么一说，我就放心了，那么今天我要做哪些准备呢？"

护士："今天晚上进流质饮食，明天早晨不能吃饭、不能喝水，另外今晚明早我们会给您清洁灌肠两次，希望您能合作。"

患者："为什么不能吃饭喝水？"

护士："是怕手术过程中引起呕吐窒息，另外我们还要给您备皮，主要是防止切口感染。"

患者："好的，我一定按您说的去做。"

护士："谢谢合作。"

问题：1. 护士和患者进行这次交谈的目的是什么？

2. 如何根据环境和患者进行有效沟通？

（2）交谈的特点

1）动机明确，具有目的性：医护人员和患者的任何交谈必须要做到心中有数、目的明确，不能漫无目的地闲聊而浪费大量宝贵的时间，也浪费患者大量的精力。

2）适时反馈，具有互动性：交流双方要立即对对方的谈话做出反应。不能因为对患者的话题不感兴趣或心情不好而拒绝回答患者的问题，甚至拒绝回应患者。作为医护人员，应该尽量用话题引起患者的兴趣，让患者积极地加入到交谈之中。例如，案例3-3中，护士和患者围绕手术这个话题交谈，就是一次成功的简短交谈。双方参与都很积极，一问一答，交谈的效果达到预期。

3）使用广泛，具有随机性：交谈是我们日常生活和工作中最常用的一种交际手段，不受场地限制，不受时间约束，在任何时候、任何地点都可能发生交谈。我们要保持反应迅敏、头脑灵活，方能较好地随时应对各种交谈。

4）正式交谈，具有程序性：正式交谈指一些比较重要的交谈，这些交谈往往要遵循一定的程序，要严格按照规范来进行，不可随心所欲。

2. 交谈的基本类型

（1）个别交谈与小组交谈：根据参与交谈人员的多少，可将交谈分为个别交谈与小组交谈两种类型。

个别交谈是指在特定环境中两个人之间进行的信息交流。个人交谈的形式多样，内容广泛，随处可见，随时可谈。现实生活中的护患交谈、医患交谈、医护交谈、父子交谈、师生交谈等均属这种类型。

小组交谈是指3人或者3人以上的交谈。小组交谈最好有人组织，一般控制在3～7人，最多不超过20人。参与交谈的小组可以是有意形成的小组，这种小组交谈的主题明确，目的性较强，如护士对住院患者进行健康宣教、科室内的病历讨论、教研室的集体备课等，都有较强的目的性；也可以是无意形成的小组，这种小组交谈可以没有主题，一般是根据交谈当时的场景提出交谈内容。例如，等候在手术室外的数名患者家属，可以围绕患者的手术状况进行交谈，也可以围绕医院的收费进行交谈。

（2）面对面交谈与非面对面交谈：根据交谈的场所和接触情况，可将交谈分为面对面交谈和非面对面交谈。

护患之间的交谈多采用面对面交谈的方式。交谈的双方同处于一个空间，都在彼此的视线范围内，因此可以借助表情、手势等肢体语言来帮助表达观点和意见，使双方的信息表达和接收更准确。

随着现代科学技术的发展，人与人之间的交谈方式也开始由面对面的方式向电话、互联网等非面对面的方式扩展。在非面对面交谈时，双方可以不受空间和地域的限制，也可以避免面对面交谈时可能发生的尴尬场面，使交谈双方心情更放松，话题更自由。但由于非面对面交谈时的空间范围扩大了很多倍，使交谈双方都远离对方的视野范围，可能会使信息交流的准确性受到影响。

（3）向心型交谈与背心型交谈：根据交谈双方目的的一致性，可将交谈分为向心型交谈和背心型交谈。

向心型交谈属于平行会话类型，多采用协商式的交谈方式。交谈双方的立场可能不同，但需要沟通的目标相同，如医生与就医者的交谈、护士之间商讨如何进行科研等。向心型交谈的特点：一是话题方向的聚焦性，即交谈者为了同一个话题可以从各自不同的角度向这个话题靠拢；二是语效利益的一致性，这种“一致”既表现在肯定性方面，也表现在否定性或互补性方面。

背心型交谈的方式是对立的，常见于日常生活和一些特殊情境中。例如，司法诉讼中原告与被告的辩护，学术讨论中两种对立观点的争执，以及批评与反批评、追问与掩饰、指责与辩解等。背心型交谈的特点：一是话题方向是背离的，可以是同一话题对立的两个方面，或是两个矛盾的话题；二是语效利益的对立性，双方利益不一致，交谈结果为此胜彼负或此负彼胜，双方的目的不可能同时达到，也不可能不分胜负地把问题搁置起来。

3. 护士常用的语言交谈

（1）指导性交谈：是指当患者不具备医学知识或者医学知识缺乏时，护士将与疾病和健康保健知识有关的内容传授给患者，方便其配合医护人员的工作，以达到康复目的的一种语言交流。因此，医护人员除了为患者治疗疾病以外，还要对患者进行健康教育和健康促进，帮助他们建立和形成有益于健康的行为和生活方式，使其增强体质，预防疾病。

（2）解释性语言：是指当患者提出问题需要解答时，护士采用的一种语言交流方式。在患病以后，每个人都会因为生理上的痛苦和心理上的不良反应出现情绪低落和情感脆弱等现象，会对自己的身体和疾病给予更多的关注，并且非常希望能从医生、护士那里获取与疾病有关的更多信息，以减轻自己的心理压力。因此，当患者或患者家属提出各种问题时，护士应根据患者的具体情况，给予恰当到位的解释。另外，在患者或患者家属对医护人员或医院有意见时，护士更应该及时予以解释，以减少或避免护患纠纷的发生。

（3）劝说性交谈：是指当患者行为不当时，护士采用的一种语言交流方式。例如，当发现患者在病房内吸烟时，护士如果采用简单的命令性或斥责性语言，会使患者感到不舒服。而如果采用劝说性语言，对患者晓之以理，动之以情，向患者说明吸烟对疾病治疗的影响和对别人的危害，患者就比较愿意接受。两种不同的语言表达可以产生两种截然不同的心理效果。一般情况下，患者更容易相信医护人员的话，因此可以通过医护人员对患者的某种不良行为进行劝解。

（4）鼓励性交谈：是指护士通过交流，帮助患者增强信心的一种语言表达方式。鼓励性的语言交谈常用于病情较重且预后较差的患者，由于这类患者缺乏面对现实的勇气，缺乏战胜疾病的信心，消极悲观、萎靡不振，有的甚至拒绝治疗。而患者的坚强意志和信念又是战胜疾病的重要因素，因此护士要根据患者不同的具体情况，帮助他们树立信心，坚定意志，振奋精神，放下包袱，积极配合治疗。例如，在临床护理过程中，可以鼓励患者说“您配合得很好”“有些人采用这种治疗方法很有效，您应该是其中一个”“您过去碰到的困难比现在还大，您都顶过去了，这次您也一定能解决这个问题……”等。而当护士明确告诉患者希望其达到的目标是什么，鼓励才会有效。尤其是慢性病患者，其更需要护士经常结合治疗中的具体处境和实际问题给予鼓励。

（5）疏导性交谈：主要用于心理性疾患的患者。护士在工作中应用疏导性的语言交流，能使患者倾吐心中的苦闷和忧郁，这是治疗心理障碍的一种有效手段。当患者受挫时，护士通过婉言疏导，让患者把心里话说出来后，患者往往会感觉舒畅和满足。例如，一个中年女工的儿子因车祸不幸身亡，她无法面对突如其来的沉重打击，悲痛至极，茶饭不思，住院后一提起死者便泪流满面，甚至恸哭，此时护士应该主动接近患者，耐心倾听她的诉说。当患者倾诉之后可对她说：“阿姨，不幸的遭遇谁也料想不到，您也别太难过了。现在悲痛也不能挽回您儿子的生命，您要多保重自己的身体，您儿子也不希望您这样。”这些话虽然很朴实，但富于情理，容易稳定患者的情绪。

（6）安慰性交谈：是一种使人心情安适的语言沟通方式。护士在患者患病时使用安慰性语言，容易在护患间产生情感的共鸣，进而稳定患者的情绪，帮助患者克服困难，树立战胜疾病的信心，有利于患者的康复与治疗。例如，急症患者因为突发疾病产生的烦躁不安、担忧恐惧甚至悲观失望的心理，或者手术患者因为担心手术是否顺利，担心医生的技术水平而出现的焦虑、恐惧心理等。患者的这些心理对疾病治疗无疑是一种不利因素，甚至还可能互为因果而形成恶性循环。这时，患者最需要的就是得到家人或医护人员的安慰，如“您今天看起来好多了”“这种药效果很好，许多患者服用后都有好转，您的情况比他们好，一定也会有效的”等。护士在使用安慰性语言时，应注意态度要诚恳，对患者的关心和同情要恰如其分，不要让患者产生一种言不由衷或虚情假意的感觉。最巧妙的安慰方法就是在安慰中予以鼓励。

（7）暗示性交谈：暗示是一种普遍存在的心理现象。巴甫洛夫认为“暗示是最简单、最典型的条件反射”。暗示是一种语言的提示或感觉性的提示，它可以唤起一系列的观念和动作。经实践证明，某些疾病的发生和发展与语言暗示和刺激有着密切的关系。在临床上常可以看到这样的例子，一些本来健康的人，因医护人员说话不慎或某些不妥当的行为，给患者造成不良的暗示，使患者误认为自己疾病很严重或患了不治之症，引发患者心理或身体上的反应，患上了各种各样的“恐癌症”，成天奔波于医院寻求各种专家诊治，有些人甚至会因此悲观失望而走上绝路。但在另外一种情况下，患者虽然患有严重疾病，但经过医护人员的暗示，“您的病并不严重，您看这几天的治疗效果就不错嘛”，此时患者自己的感觉也会变好。因此，恰当地运用暗示有助于改善患者的心理状态，帮助患者树立战胜疾病的信心，对患者的康复起到意想不到的效果。

（二）会谈

会谈，是指双方或多方就某些重大的政治、经济、文化等问题，以及其他共同关心的问题交换意见，可以是洽谈公务，也可以是就具体业务进行谈判。一般说来，会谈内容较为正式，政治性或专业性较强。会谈是一种普遍的社会交流活动，几乎有组织的地方都有会谈。

三、书面语言沟通

书面语言是对有声语言符号的标注和记录，是有声语言沟通由“可听性”向“可视性”的转换。人类口头语言的历史比书面语言的历史长很多，到目前为止，世界上仍有许多语言只有口头语言而没有书面语言。同时，书面语言又是口头语言的发展和提高。书面语言沟通是人际沟通中较为正式的方式，它打破了时空的限制，可以在很大程度上弥补口头语言沟通的不足。

（一）书面语言沟通的含义

书面语言是指用文字记载下来供“看”的语言。它在口语的基础上形成，使听说的语言符号系统变为“看”的语言符号系统。书面语言是在口头语言的基础上产生的，是口头语言的加工形式。书面语言是人们在文本上交流所使用的语言，它打破了时空的限制，在没有录音技术的时代，它克服了口头语言的局限性，把口头语言的内容传于异时，留于异地。即使有了录音技术，书面语言仍然是语言保存的主要方式。

书面语言沟通是人们凭借文字来分享信息、思想和情感的过程，是一个写作—传递信息、阅读—接收信息的过程，其以各种文体的文章为媒介，是先进思想、科学成果的主要传播形式。在护理工作中，护患之间及医护人员之间通过文字或图表等形式进行的沟通就是护理书面语言沟通。通过阅读护理文件，护士可获得患者的间接资料，了解患者的病情变化、护理措施的实施及效果等情况，也可以达到学习他人经验、提高自身业务水平的目的。通过书写护理文件，护士可以将患者的病情和护理工作的情况详细、准确地记录下来，达成专业人员内部沟通的目的，也可以制成健康宣传资料，对患者进行健康教育。

书面语言沟通是护理工作中必不可少的沟通方式，也是做好护理工作、进行护理研究的重要手段。在护理工作中，书面语言广泛应用在护理工作的各个环节，如交班报告、护理记录、体温单、医嘱单等，在护理工作中起着重要作用。

（二）书面语言沟通的特点

1. 传播领域扩大 使用书面语言沟通可以扩大信息交流的范围和领域，使人类的交际活动不受时空的限制，远隔万里的人们可以以文会友、互通信息，因而几千年后的我们才可以学习先人的丰富知识，感受先人的精神世界。

2. 信息较为准确 使用书面语言沟通时，人们可以深思熟虑，有充分的时间推敲修改，组织需要传递的信息内容，因此发出的信息较为准确，更具权威性。

3. 信息长期存储 书面语言传递的信息能够作为资料和档案长期保存，供接收者反复阅读、研究及查证。

4. 沟通局限性 书面语言虽有着口头语言无法比拟的优势，但也有着明显的局限性。具体表现在以下两个方面。

（1）表达间接性：通过书面语沟通，交际双方不在同一个场合，读者阅读后的想法难以及时反馈给传达者。读者只能在字里行间去领会信息传达者的思想和情感，缺乏互动。

（2）对象不确定：一人传达，众人接收，不同的人在不同时间、不同地点获得相同的信息，受众广泛，具有典型的不确定性。

（三）书面语言沟通的作用

1. 储存与沟通

（1）护理文件储存：护理书面语言可以通过书写方式，将护理记录单、体温单等各种信息进行完整、准确、清晰的储存，形成护理文件。文件存储不受时间和地域的限制。

（2）医护间沟通：护理书面语言以一种有效的传递方式明确了医护之间各自该履行的工作职责。同时，护理书面语言作为人际沟通的重要工具，保证了临床护理工作的连续性和完整性，有利于提高患者的治疗效果和护理效果。

（3）护患间沟通：通过书面语言向患者介绍医院的服务宗旨、服务内容和服务特色；通过书面语言对患者进行健康教育；通过书面语言将患者在住院期间应该遵守的制度告知患者或患者家属，以明确护患双方各自应承担的责任和权利。

2. 考核与评价 书写护理文件是临床护理的一项常规工作，护理文件不仅反映护士的工作态度和专业技术水平，同时也反映了医院的护理服务质量。在护理工作中，护理文件书写质量可作为考核评价护士工作、业绩和水平的基本依据，其在考核和评价医院护理质量和护理管理水平中也起着重要的作用。

3. 教学与科研 护理文件具有连续、完整地反映护理活动全过程的特点，因而也是临床教学的理想教材。一份标准、完整的护理记录可以帮助学生将课堂的理论知识与临床的护理实践更好地结合起来，是一份很好的教学资料。一些特殊病例还可以作为临床护理个案分析与讨论的资料。在临床教学中，教师可以利用护理文件的相关记录，动态地讲述患者的治疗、护理过程。

护理文件还为护理科研提供了丰富的临床资料，尤其对回顾性研究有重要的参考价值。各种护理论文更是临床护理实践的直接成果和经验总结，其对推动护理学术交流、促进护理学科发展具有重要作用。

4. 可作为法律依据　护理文件能够准确记录临床护理工作情况，具有很强的法律效力。特别是在发生医疗事故、人身伤害、保险索赔及医嘱查验等情况时，护理文件中的原始资料就是法律认可的客观证据和司法的证明文件。因此，护士在工作中必须严格按照工作要求，认真书写各项护理文件，保证护患双方的合法权益不受侵犯。

（四）书面语言沟通原则

1. 科学性　书写护理文件时不能违背护理专业本身的科学原理和规则。护士在进行书面语言沟通时要坚持实事求是的工作态度，客观真实、及时准确地反映患者的病情变化、治疗效果及护理措施等。不能主观臆断、无端猜测或推理，尽量不要追记或补记。用数字或数据表示时应反复核对，如对高血压患者应在正确测量后准确记录，不要随便用“大概”“可能”“一般”等模棱两可的词语记录，要慎重使用“很”“极”等表示程度的副词。此外，在撰写护理论文时更要遵守科学规律，未经验证的材料一律不能采用。

2. 准确性　护理文件的内容必须准确可靠，客观、真实地描述患者的主诉和行为，以保证信息传递的准确性。记录的时间应是治疗护理的实际时间，如给药时间、输液时间、吸痰时间和测量体温时间等，而不是事前排定的时间。例如，一位住院患者因故外出，没有向护士请假，当班护士没有在体温单上注明患者外出时间，而是凭想象记录了患者的体温，不巧这位外出患者在此时却发生了车祸，患者家属以此为由与医院打官司，结果医院败诉。

3. 及时性　这是护理书面语言的特点之一，无论是交班报告还是护理病历，都应该做到及时、准确，不允许提早或推后。抢救危重患者时，对抢救过程中的病情变化，如呼吸、心搏停止的时间，气管切开的时间，除颤时间及效果等所相应的抢救措施都应做到内容准确、时间清楚，特别是抢救过程中的用药，一般多为口头医嘱，抢救结束后应立即与医生核对，做出完整、详细的记录。

4. 简洁性　护理书面语言应简洁流畅、重点突出，使用医学术语和公认的缩写，避免笼统、含糊不清或过多修辞，以方便医护人员快速获取有效信息，节约时间。

5. 规范性　随着护理专业的发展，护理文件书写的基本格式已经统一，并趋向于标准化和简约化。例如，体温单、医嘱单、病室交班报告、特别护理记录等，有关表格的式样、医学术语、缩写、符号、计量单位等，都有规范化、标准化规定。护理记录书写也有较为固定的格式，在《医疗事故处理条例》及《病历书写基本规范》等相关配套文件中，对护理记录的书写规范及要求做了明确的规定。因此，护理记录既有通用文字书写的一般规范性，又有专业书写的特殊规范性。

（五）书面语言沟通在医务工作中的应用

1. 书面语言沟通在医务工作中的表现形式　在医疗工作中，医疗文书是医生用书面语（文字、符号、图画等）书写的文字材料，主要有病历、处方、申请会诊单、手术通知单等，其中最主要的是病历。病历是记载疾病发生、发展和转归的诊疗记录，它是临床医生对患者进行调查了解后，将搜集到的资料加以归纳、整理后书写成的。病历可分为门诊病历、住院病历（包括入院病历、入院记录、诊疗计划、病程记录等）、出院病历等。

病历书写是医生必须掌握的一项基本技能，一份病历可以体现一所医院和一名医生的医疗质量、业务水平，因此医生必须以高度负责和实事求是的科学态度认真书写每一份病历。基本要求如下：病历要按规定的内容和格式书写；内容应确切、完整，重点突出，条理清楚，各项记录都要客观如实地反映病情和诊治经过；要求表达准确，语句通顺、简练；各种症状、体征应采用医学术语记载；病历用蓝笔或黑笔书写，书面整洁、字迹清楚、标点符号正确，不能用自造简化字，不能随意更改，上级医生修改病历要用红笔；各级医生都要签全名。

病历是重要的医疗文书，患者出院后，医生必须及时按照统一的要求将病例整理归档。

2. 医疗文件的应用范畴

（1）在诊疗过程中的应用：完整的病历是临床医生在诊疗工作中的一份全面记录和总结，是丰富的调查研究资料，可反映疾病的全过程，是确定诊断、制订治疗和预防措施的依据。病历还可以为医疗组织中的其他医务人员提供有关患者的病情变化、诊治和预防的经过，使大家都能够不受时间限制地阅读和了解患者的情况，协调配合地完成健康服务的任务。例如，护士可以通过阅读医生书写的入院病历、诊疗计划、病程记录等医疗文书，全面掌握患者情况，更好地执行医嘱和做好整体护理。医疗文书还可以反映医生的业务水平、工作态度、书面语的表达能力，体现医生的临床思维和操作历程，是考核评价医生的基本依据。医疗文书还是评价医院服务质量和管理水平的依据。

（2）在教学方面的应用：医疗文书是临床医疗经验的总结，其对于医疗护理专业学生来说是最好的、最生动的学习资料，从中可以学到许多在书本上、课堂上学不到的实践经验。各门临床专业课程的教学都可以从病历等医疗文书中获得最生动翔实的教学实例，从而可以大大丰富教学内容。

（3）在科研方面的应用：病历是记录问诊得到的病史（症状），体格检查的所见（体征），实验室检查、器械检查及其他各项检查结果，病情变化，诊断过程，治疗效果，预后判断和医生思考过程的诊疗记录。医生通过研究临床病例和病历搜集资料，从事医学科学的研究，撰写学术论文，可以在更大范围和更长时间内同时进行交流沟通，推动医疗卫生事业的发展。

（4）在司法方面的应用：在临床医疗实践中，由于医疗活动的特殊性和广泛性，患者和家属不可能充分了解医护人员的思维和行为。同时，医护人员因经验不够、处置不当或不负责任的行为给患者带来严重后果的现象确实存在，致使出现医疗纠纷和医疗诉讼。发生医疗事故时，患者的一切病历资料，包括门诊病历、入院病历、病程记录、手术记录、抢救记录等，都是对患者健康状况及其所患疾病的发生、发展与转归过程的真实记录，也是诊疗方法和治疗结果的真实记录，是认证医疗过失的重要依据。医疗文书可以作为司法的证明文件，特别是处理医疗事故和纠纷时，病历等原始资料是法庭认可的客观证据。

3. 医疗文书中常见的书写错误及纠正 病历是具有法律效应的文件，其格式与内容有明确的要求，但在临床实践中，病历书写的错误比比皆是。本章节仅针对医疗文书中书面语表述方面的常见错误提出一些纠正建议，供大家参考。

（1）使用非医学术语：医生与患者交谈，如询问患者病史时，应尽量使用通俗易懂的口语，以便患者能正确理解医生的意思，使沟通有效进行。但是，医生在书写病历时要用医学术语和词汇，不能用群众语言，更不能用方言土语。病历书写中常见的非医学术语及其矫正方式如下。

1）描述症状：如肚子痛—腹痛，肚子胀—腹胀，拉肚子—腹泻，吐酸水—反酸，吐痰—咳痰，吐血—呕血或咯血，心慌—心悸，心窝子痛—剑突下上腹部疼痛，膝盖肿痛—膝关节肿痛，发烧—发热等。

2）描述体征：如疙瘩—肿块，虫牙—龋齿，皮肤发黄—皮肤黄染，口唇或脸发乌—口唇发绀等。

3）描述检查方法：如脑脊水检查—脑脊液检查，照片—X 线检查等。

4）描述诊断：如盲肠炎—阑尾炎，血癌—白血病，痨病—结核病等。

5）描述治疗：如开刀—做手术，打针—注射等。

例如，“……患者出现下身出血，为明确诊断，请妇科会诊”。这次病程记录中的“下身”是非医学术语，“下身”不知是何处，经查阅会诊单，方知是阴道流血，故应将“下身出血”改写为“阴道流血”。

（2）随意简称医学术语：在医学名词使用上乱用简称，令人难以理解。例如，将“低分子糖酐”写成“低右”，将“胸廓对称”写成“胸称”，将“腹部膨隆”写成“腹隆”等。医学名词术语的使用应符合全国科学技术名词审定委员会公布、并由科学出版社陆续出版的《医学名词》《生理学名词》等工具书的统一标准。对于已有通用简称的名词，如“甲肝”“乙脑”等，在一份病历中首次使用时可用全称，并在括号内注明简称，之后再使用该词时便可以用简称。

（3）错别字：病历书写中，常常出现错别字，字迹潦草，无法辨认。例如，将“咯血”写成“喀血”，将“阑尾”写成“兰尾”，将“青霉素”写成“青莓素”，将“蛋白质”写成“旦白质”，将“年龄”写成“年令”，将“副作用”写成“付作用”等。医生应重视书写的规范化，常备一本字典，以便随时查正用字，简化字应严格按照国家语言文字工作委员会于 1986 年重新公布的《简化字总表》规范地简化。

（4）用词不当：病历书写中，用词不当较常见，如以下情况。

1）“患者 3 个月前以‘脑出血’住本院，治愈，遗留右侧肢体活动不利……”这句话中“治愈”与“遗留右侧肢体活动不利”两者显然矛盾，应将“治愈”改为“好转”。

2）“诊断：原发性胃癌。抢救记录：下午 6 点时患者咯血约 150ml，神志不清……”这段抢救记录中“咯血”应改为“呕血”。

3）“患者的呼吸困难，但精神清晰。”这句话中“精神”与“清晰”搭配不当，应改为“神志清晰”。病历书写需字字斟酌，准确地搭配词语，不留隐患。多读多写是提高语言修养的主要手段。

（5）时间书写错误：病历书写中，日期及时间书写错误比较常见，如以下情况。

将入院时间 2003 年 3 月 25 日写为“2003，25/3”或“25，3，2003”，将 1999 年 7 月写成“1999 年七月”或“99 年 7 月”等。为了便于阅读和理解，临床上病历中的时间应该一律按年、月、日、时、分的顺序完整书写；年份不可简写，月、日不可用分数线表示，也不可以用日、月、年或者月、日、年的顺序书写；月、日、时、分为个位数时，前面不可加“0”；汉字数字与阿拉伯数字不能混用。

（6）标点符号错误：病历书写中，标点符号错误也比较常见，如顿号和逗号混淆、逗号和句号混淆、对有怀疑的诊断不用问号等。

医生书写病历时，标点符号要正确，否则不能正确表达其意义，甚至有相反意义。对于较长的叙述不应一“逗”到底，应该用标点符号来体现层次。现病史中引用药名和既往史中引用病名要用引号。临床上书写诊断，病名后不加问号，则为肯定诊断，如果仅是疑诊，则应在病名后加问号，如以下情况。

1）“现病史：……起病以来，患者无肢酸腰痛，多尿、多饮、多食、消瘦……”与“现病史：……起病以来，患者无肢酸腰痛、多尿、多饮、多食、消瘦……”相比较，前者的意思是患者无肢酸腰痛，但有多尿、多饮、多食、消瘦症状。后者的意思是患者既无肢酸腰痛，也无多尿、多饮、多食、消瘦症状。逗号和顿号一字之差，它们所表达的意义大不相同。

2）“入院诊断：上消化道出血查因：①消化性溃疡；②消化道肿瘤。”这次入院诊断既然写的是“查因”，即原因未明，但其后两个诊断全为肯定诊断，显然前后矛盾，故本诊断中的两个病名之后应加上问号。

第 3 节　语言沟通的技巧

一、发音准确

1. 读准声母和韵母　汉语中的声母和韵母发音需要使用口腔中不同的发音部位来发出声音，如嘴唇、牙齿、舌头等。不同类型的声母和韵母，发音时需要用到的发音部位也不同，对发音时的口形也有相应的要求。例如，“爸爸”“妈妈”发音时只用上下嘴唇，“私自”“彩丝”发音时需用到舌尖和上齿背等。发音部位使用错误，发出的音节也会受到影响，如某些地区会把“洗澡”说成“死澡”，把“自己”说成“寄己”等。

2. 读准声调　标准普通话具有阴平、阳平、上声、去声共四个声调，每个声调的调值决定了说话时声音的高低。准确的声调发音能让人有抑扬顿挫的感觉，可对语言交流起到很好的促进作用。

3. 准确变调　标准的普通话词汇中，部分有轻声、儿化现象，“一”和“不”字在不同情况下，发音也不同。例如，“哥哥”“叶子”中的第二个字都读轻声，“一点儿”“金鱼儿”中“儿”字要与前一个音节结合来读，“第一”“一个”“一起”中“一”字的读音都不一样，“不去”“不好”中的“不”字读音也不一样。

根据标准普通话语音理论，要力求每个字的声母、韵母、声调准确到位，变调、语调准确自然，要尽量克服方言发音。学习普通话需要一个长期的过程，平时要通过广播电视等多听标准普通话，努力模仿标准普通话说话，只有对听感、语感进行大量锻炼，才有可能最大限度地接近标准普通话。

二、语速适中

人际交往中，说话的正常速度是240字/分，通常情况下1分钟表达150～300个字都是正常的。说话时为了提高表达效果应尽量语速适中，有时也会根据说话情境、内容、心理状态等情况出现稍快或稍慢的情况。说话不是读书和朗诵，偶尔出现短暂停顿或者重复都是正常现象。

三、停顿恰当

通过口语交流时停顿要恰当，确保语句流畅简洁，这对提升表达效果作用很大。说话时停顿恰当能确保语句流畅、结构清晰，方便理解也能提升语言吸引力。反之，如果停顿错误，导致语言表达断断续续，则会影响表达效果和理解程度。

说话乱停顿、语句不流畅的原因主要有内容准备不充分而边想边说，以及普通话不标准，需要花很多精力注意发音等。

为避免停顿错误，可以多用短句。人际交往要求说话时不能过多使用长句或者复杂的句子。如果句子太长或者结构太复杂，交谈对象就会难以充分了解所要表达的意思。因此，要尽量把长句改为短句，也要避免使用较长的修饰语。例如，长句“加强语言沟通具有帮助人走出阴霾、远离孤独、强化人际交流、促进和谐并扩展人脉关系的作用”，表达时停顿不当就容易让人理解混乱，可以改成“加强语言沟通能帮助人走出阴霾、远离孤独，能强化人际交流、促进和谐，还能扩展人脉关系”，句子短了，容易表达，也方便对方理解。

四、语调协调

语言交流口语化，不带朗诵腔。我国是多民族国家，语言具有明显的民族性和地域性区别。部分来自方言区、民族语言区的青年学生，由于很少有机会接触标准的普通话，很少使用普通话进行交流，进入大学后使用普通话进行交流时，容易受到影视节目或舞台演出中的朗诵语言影响，给语言沟通造成障碍。

在说话之前，很有必要提前做好准备，思考自己该说什么，以怎样的方式说出，用什么样的措辞等，说话要经大脑，脱口而出的话往往容易使人陷入困境。

无论参与怎样的谈话，都请记住一点，再华丽的辞藻都不如通俗的语言，通俗的语言简朴易明，具有亲和力，人人都能听懂，更容易拉近自己与他人的距离，让人觉得自己是一位平易近人的人。

五、重点突出

把一件事情说清楚，要讲究先后顺序，讲究思路清晰、层次分明。否则，漫无边际，信口开河，很可能使逻辑乱套或者离题越来越远。要想把话说得有条不紊、逻辑合理、线索清晰、层次分明，就应该想好提纲，做好充分准备。

（一）要具体化

内容明确、实在，具体到讲一件事或是一个观点。这一件事最好是自己亲身经历或最有感触的，不要无中生有地临时编造。把话题落到一个具体的时间或者观点上，可以做到话由心生，有表达的内容。

（二）尽量配上例证

真实的例子不仅能让所说明的观点清楚有趣、生动形象，而且有助于叙述的流畅自如。

六、适度幽默

幽默是一种特殊的情绪表现，也是人际关系的润滑剂和成熟的表现。幽默具有穿透力，能给人们带来笑声和欢乐，能消减矛盾和冲突，缩短人与人之间的距离。护士在临床工作中适当采用风趣、幽默的语言，可以加强同事之间的关系，可以缓解患者的压力和痛苦，增强患者对康复的信心。

通过一定的方式，幽默感也是可以后天培养的。

（一）内心自信快乐

具有幽默感的人，首先是有宽广的心胸和快乐的心境，他们对人生充满信心和热情。相反，一个心胸狭窄、整天患得患失的人是不会有良好的幽默感的。

（二）懂观察爱思考

要懂观察，爱思考，善总结，深刻理解出其不意才是幽默表达的核心。平时要多留意幽默的人怎么幽默，思考幽默的素材从哪里获得等，还要有意识地训练对问题的快速分析和应变能力，才能让表达的内容合乎情境却又在意料之外。

（三）储备知识丰富

在一个资讯高度发达的时代，只有掌握了多种丰富的知识，才能在各种人际交往场合得心应手，从容应对各种社交圈的成员。否则就只能静坐一旁，要么看别人愉快地交流，要么自顾自地玩手机。

（四）参加社交实践

社交是一门学问。民间潜伏着各种类型的幽默高手，多参加社交活动，多与风趣幽默的人交流，并且留意对方的幽默方式，在增加社交经验的同时，也能在潜移默化中强化幽默感，从而提升幽默表达能力。

实践训练 即兴演讲

主题：我爱我的家乡	地点：教室		时间：1课时	
目标：1. 了解演讲的特点 2. 培养口头语言表达能力 3. 提高运用演讲技巧的能力，达到良好沟通的效果				
活动名称	活动流程	学生准备 物品准备	注意事项	时间分配
观看视频	演讲案例	演讲稿件	发现亮点	3分钟
分组展示	以宿舍为单位推选一名同学参加演讲	推选一名学生作主持人串场	每人展示时间3分钟	27分钟
技能收获	1. 学生点评其他组展示 2. 教师讲解要点		请学生总结	10分钟
活动小结	总结本次实践活动的表现，开展交流讨论			

自测题

一、单选题

1. 人类沟通的语言形式通常有口语沟通和（　　）
   A. 电话沟通　B. 传话
   C. 信件　D. 书面语言沟通
2. 语言沟通的主要功能是（　　）
   A. 心理保健　B. 交流信息情报
   C. 和谐人际关系　D. 社会整合功能
3. 以下不是演讲的艺术性表现的是（　　）
   A. 着装得体　B. 体态优雅
   C. 颜值高　D. 演讲语言有感染力
4. 以下不属于治疗性交谈目的的是（　　）
   A. 减轻病痛　B. 促进康复
   C. 降低医疗成本　D. 预防疾病
5. 说话的最佳语速是每分钟（　　）个字
   A. 100　B. 240
   C. 330　D. 140
6. 语言沟通中最不利于准确发音的是（　　）
   A. 下巴磕伤　B. 鼻子流血
   C. 嘴角割伤　D. 上门牙掉落
7. 书面语言沟通的信息较为准确的原因是（　　）
   A. 保存时间长久　B. 可以跨越时空
   C. 语言经过反复推敲　D. 可重复使用
8. 人际交往中，最简单、快捷、灵活的交流方式是（　　）
   A. 交谈　B. 发微信
   C. 发电子邮件　D. QQ 留言

二、简答题

1. “交浅不言深”的含义是什么？
2. 为什么说会谈具有较强的专业性？

（李松桂）

第4章

非语言沟通

第1节　非语言沟通概述

案例　4-1

接到急诊室电话通知，有位急性阑尾炎的患者急诊入院，护士做好了一切准备工作迎接患者入院。患者被抬进病房，面色苍白，大汗淋漓，非常痛苦，急需手术。此时，护士面带笑容地对患者家属说："请不要着急，我马上通知医生为患者检查。"说完不慌不忙地走了出去。

问题：1. 指出护士在接诊过程中身体姿势有何不妥之处？

2. 护士采取这样的接诊方式会造成什么后果？

3. 假如你是值班护士，面对这个案例你将如何处理？

一、非语言沟通的概念和特点

考点

非语言沟通的概念和特点

（一）非语言沟通的概念

非语言沟通是指借助非词语符号，如人的仪表、服饰、动作、表情等，以非自然语言为载体所进行的信息传递。非语言沟通是语言沟通的自然外显和重要补充，能够使沟通传递的信息含义更加明确、圆满。

（二）非语言沟通的特点

非语言沟通的特点包括真实性、广泛性、持续性、情景性。

1. 真实性　非语言沟通往往比语言沟通更能够表达、传递信息的真实含义。人的非语言行为更多是一种对外界刺激的直接反应，常常是无意识的；而在语言沟通中，所传递的信息往往是人们经过意识层面的加工后有选择地表现出来的。因此，语言的沟通多属于理性层面的沟通。

人们往往因为各种原因将自己所要表达的一部分意思甚至绝大部分意思隐藏起来，别有用心者更可能"口是心非"或"言不由衷"。因为非语言信息在很大程度上属于无意识领域，要了解说话人的深层心理，单凭语言是不够的，人的动作比语言更能表现出人的情感和欲望。正如人们常说的"不仅要听你说什么，更重要的是看你怎么说"。由此可见，非语言沟通在沟通中所表现出的真实性和可靠性会比语言强得多，特别是在情感的表达、态度的显示、气质的表现等方面，非语言沟通更能显示出信息的真实性。

2. 广泛性　非语言沟通的运用是极为广泛的，即使在语言差异很大的环境中，人们也可以通过非语言信息了解对方的想法和感觉，从而实现有效的沟通。

链 接 非语言沟通的广泛性

美国心理学家保罗·埃克曼（Paul Ekman）做过这样的试验，1966 年，他曾把一些白种人的照片拿到新几内亚一个处于石器时代的部落里，那里的岛民与世隔绝，以前从未见过白种人，但他们都能准确无误地说出照片上白种人的各种表情代表了什么意思。

非语言沟通的广泛性主要表现在以下几个方面。

（1）使用人群的普遍性。我们平时都在自觉或不自觉地使用着非语言沟通。在语言文字符号产生以前，它就是最重要的沟通方式。其中有的甚至是与生俱来的一种本能。例如，不管使用哪种语言文字符号的民族，在悲伤时都会不由自主地选择哭泣，高兴时都会放大瞳孔，露出微笑。随着社会的不断发展进步，更多的非语言沟通形式作为表意符号约定俗成，并被固定下来，如聋哑人的手势语、航海用的旗语、服务行业的引导语等，都广泛地存在于社会生活之中。

（2）使用感觉器官的多样性。语言沟通只是通过声波传播和视觉阅读的形式感受和反馈信息，而非语言沟通可以通过更多渠道进行，视觉、听觉、嗅觉、味觉、触觉均可作为沟通的渠道来运用。例如，我们可以通过一个人的着装来判断他所处的社会阶层和他的生活品味、经济状况，也可以通过公司员工服务时的身体动作来断定该公司的实力、文化建设等情况。

（3）表达意义的多解性。人们在对非语言信息做出解读时也会有误差。例如，对手势的解读，沟通中一个竖大拇指的动作，在绝大多数场合被认为是表示好、棒、妙、一切顺利、非常出色等信息；在欧美一些地区，在路边竖大拇指，通常用来表示搭车；在尼日利亚，这种手势被认为是侮辱性手势；而在伊朗、伊拉克等很多中东国家，竖大拇指是一种挑衅的行为。

3. 持续性　非语言沟通是一个持续的过程。在一次沟通行为中，语言的沟通可以中断，但自始至终都有非语言载体在自觉或不自觉地传递信息。一般而言，从沟通开始，双方的仪表、举止就传递出相关的信息，双方的距离、表情、身体动作就显示着各种特定的关系，这种持续性的非语言沟通往往呈现出更深的情绪内容。

4. 情景性　在不同的情景中，相同的非语言符号表示不同的含义。非语言符号的解读不能脱离当时当地的条件、环境背景。只有将非语言符号与情景联系起来才能使沟通准确、适当。例如，在不同的情景下，流泪既可表达悲痛、生气、委屈、仇恨的情感，也可以表达幸福、兴奋、感激、满足等情感。一个非常正式的谈判场合，如果身着家居服装，会使对方觉得你对谈判不够重视或对对方不够尊重。反之，傍晚时分一对夫妻穿着工作制服在公园悠闲散步，则会让看到的人产生一种很不舒服的感觉。

二、非语言沟通的作用

（一）补充

非语言沟通会强化你所说过的话，补充性的非语言行为会与沟通者用语言表述出来的想法和感受相配合。例如，带着诚挚的笑容和温和的语调说“谢谢你”与面无表情地说“谢谢你”给人传递的信息有很大差别。如果人们言谈甚欢，在一方站起身来说“我

考点
非语言沟通的作用

得走了”的时候，对方同时也会起身相送，双方告别时还会通过目光的接触和热情的微笑，表示“我们的谈话很有趣，有机会我们再聊好吗”。但是，如果此前的谈话很不顺利，那双方的表情会显得冷淡，尽管也会说“再见”，但非语言行为（如移开目光、坐着不起身相送等）却可能暗示着“再也不想和你谈了”“天哪，总算完了”等不同的含义。

（二）重复

在沟通过程中，人们为了使语言所传达的信息更容易被理解和接受，往往在语言沟通的同时还伴随着与意思相同的非语言行为。例如，当有人问路的时候，指路者会在用语言进行回答的同时还用手势等非语言行为指示方向。

（三）替代

非语言行为作为一种特定的形象语言，可以产生有声语言所不能达到的实际效果。很多用口头语言或书面语言都不能传递的信息，非语言行为却可以有效地传递。在日常工作中，人们都自觉或不自觉地使用各种非语言行为来代替有声语言，进行信息的传递和交流。例如，父母会用不说话但瞪眼怒视的非语言行为让小孩停止喧哗吵闹。当面对一些不以为然的情境却又不方便用语言表达时，很多人会以叹气、撇嘴等方式来替代。

（四）驳斥

英国心理学家阿盖依尔等的研究表明，当语言信号与非语言信号所代表的意义不一样时，人们相信的是非语言行为所代表的意义，或者说非语言行为揭露了真相。例如，当有人满面通红、额头冒着青筋大声吼道：“谁说我生气了，我一点也没有生气！”人们就会从他的表情、声调和身体动作等非语言行为获得完全相反的信息。

（五）调整

在长时间的语言沟通过程中，非语言行为可以提供调整的功能。例如，在公开演讲中，演讲者会用高扬的顿挫，紧接着用低抑的音调或拉长最后一个音节来做结尾，最后停止发言。此时，听众和主持人也能接收到非语言行为传达的信息，开始做结束准备。另外，在沟通过程中，还可以用非语言行为来调整谈话气氛，如用点头或微笑来表示“我了解”“请继续”，眼睛注视别处来表示“很难专注”，不时看手表或用手指敲桌面表示“想要快点结束谈话”。

三、非语言沟通的原则

（一）时间

非语言行为务必要与沟通的具体时间相吻合。例如，穿着服饰随季节而变换，声音语调随早晚而高低不同。

（二）场合

非语言行为应考虑到沟通的场合，要尽量使自己的非语言行为与自己所面临的环境保持和谐一致，而绝不可以我行我素。在庄重场合，如参加会议、庆典、仪式、盛宴、隆重的活动时，要力求庄重、规范、严肃；反之，在悲伤场合务求简洁、肃穆、严整。

（三）自身

非语言行为应实事求是地明确自身的条件是否与之相适应。例如，服饰在性别、年龄、肤色和形体方面的个体差异，上位者和基层工作者在声音语调的选择中的区别等。

四、非语言沟通的禁忌

（一）不注重文化差异

就像语言文字一样，不同文化的非语言表达方式并不相同。在不同文化中有些非语言行为代表着不同的意思。例如，在美国，将拇指与食指指尖碰触在一起形成一个圆圈是“OK”的意思，这样的手势代表肯定和确认，但在其他国家对这手势的解读却不尽相同：在法国和比利时，这个手势代表的意思是“你的价值为0”，在希腊与土耳其则带有侮辱的意义。不同文化之间，甚至数字“1”到“10”的手势表达都完全不同。

另外，不同文化之间，非语言行为的标准和幅度各有不同。例如，在美国的社交距离为1.2m左右，而南欧和中东地区的人则习惯更接近一点，于是在沟通中，就会出现一人不停前挪，一人不断后退的滑稽情景。在东亚地区，沟通者表情的表达和眼神接触的频率大大小于美洲地区。

（二）不注意性别差异

在沟通中，男性和女性在非语言行为的表达上有许多显著的不同。在眼神上，女性比男性有较多眼神上的接触；在声音上，女性的表现比男性更多样化；在距离上，女性的距离通常比较近，而男性即使和同性沟通也会保持适当的距离。在体姿上，男性在沟通时，较女性更习惯前倾，女性在交谈时通常会站得直挺挺地面对说话者，而男性说话时则多会使自己的身体倾向对方。在表情上，女性借面部表情传达较多的情感，也比男性更常出现笑容；在身体动作上，男性的动作通常都比较夸张，女性的肢体动作比男性多。在沟通过程中，如果不注意性别带来的非语言行为差异，就会带来沟通的障碍。

（三）不符合文明礼仪

表达非语言行为时应尊重沟通者的人格和权利，尤其是在医患沟通和护患沟通中，非语言沟通直接影响服务对象对医务工作者的信任程度和尊重程度，影响医患、护患之间良好关系的建立和维持。因此，医务工作者要培养自己的非语言沟通技巧，尽可能避免自身的非语言行为不符合文明礼仪和行业规范的情况。常见的不符合文明礼仪的非语言沟通行为包括经常性地挤眉弄眼，登门拜访时用眼睛四处搜寻，板着面孔斜眼看人，说话时用手指点对方，跷二郎腿或抖腿等。

第2节　非语言沟通的类型

一、身体动作

身体动作是指具有传递信息功能的躯体、四肢的动作、姿势，以及身体与身体之间、身体与物体之间的接触等。非语言沟通的身体动作主要源于生理需要和后天环境中的约定俗成。

（一）身体姿势

身体姿势可以反映出一个人的文化修养和品位，因为每种身体姿势都是人们心理状态和生理状况信息的外化。优美的身体姿势能反映出一个人良好的思想意境和情感世界，并能成为调动他人情绪的有力手段，也最能表现出不凡的风度。例如，一个自信、豁达的人，常常表现出挺拔的姿势，人们会赞美他很潇洒。一个颓废、缺乏信心的人，则常是垂头、屈身。常言道，坐有坐相，站有站相。不论写字、走路，还是就座持物的姿势，都能相当接近地表达出沟通者的个性。此外，身体姿势会因沟通对象的不同而有所变化，而变化的实质则取决于他们之间的关系。例如，同一个人与上级沟通时的姿态和与下级沟通时的姿态则会有所区别。

1. 站姿　站立是人最常见的姿势。正确的站姿是站得端正、稳重、自然、亲切。做到上身正直，头正目平，面带微笑，微收下颌，肩平挺胸，直腰收腹，两臂自然下垂，两腿相靠直立，两脚靠拢，脚尖呈“V”字形。女子两脚可并拢，肌肉略有收感。如果站立过久，可以将左脚或右脚交替后撤步，但上身仍须挺直，伸出的脚不可伸得太远，双腿不可叉开过大，变换也不能过于频繁。站立时，如有全身不够端正、双脚叉开过大、双脚随意乱动、无精打采、自由散漫的姿势，都会被看作不雅或失礼。

常见错误站姿：垂头、缩下巴、含胸、凸肚、耸肩、驼背、屈腿、斜腰、倚物等。

2. 坐姿　包括就座的姿势和坐定的姿势（图 4-1）。就座一般应遵循“左进左出”的原则，走到座位左侧轻轻拉出椅子，背对椅子站立，用右腿后腿肚轻抵椅腿，轻稳坐下，不应发出嘈杂的声音。坐稳后身体一般只占座位的 1/2 ～ 2/3，两膝两脚都要并拢。女士如穿裙，坐下前应将裙向前拢一下。坐定后，上身保持挺直，头部端正，目光平视前方或沟通对象。腰背挺直，两手自然叠放，两腿弯曲，小腿与地面基本垂直，两脚平落地面，男士两膝距离以一拳或两拳为宜，女子则双膝并拢。在非正式场合，可以坐定后双腿叠放或斜放，交叉叠放时，力求做到膝部以上并拢。

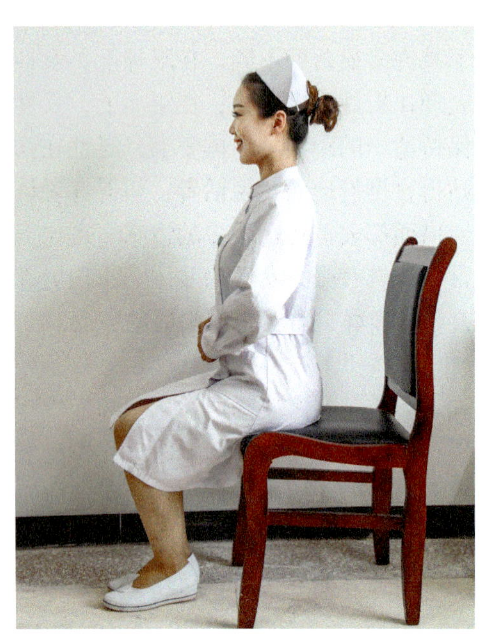

图 4-1　坐姿

常见错误坐姿：脊背弯曲、头颈往前伸、耸肩、瘫坐、跷二郎腿时频繁摇腿、双脚大分叉或呈“八”字形、半脱鞋、蹭地、抖腿、坐时手中不停地摆弄东西等。

3. 走姿　行走时，步态应该自然轻松，头正颈直，目视前方，面色平和，上身挺直，挺胸收腹，双肩自然下垂，两臂收紧，自然前后摆动，前摆约 35°，稍向里折，后摆向后约 15°，两臂摆动协调，膝关节与脚尖正对前进方向；行走的步子大小适中，自然稳健，节奏与着地的重力一致。男性行走时重心在脚掌前部，两脚跟可交替迈进在两条平行直线上，线间距在一拳左右，两脚尖稍外展，脚尖可偏离中心线约 10°，脚步应稳重、大方、有力；女性行走时两脚跟走在一条直线上，步态要轻盈而有韵律感。多人一起行走时，不要排成横队，不要勾肩搭背；遇急事可加快步伐，但不可慌张奔跑。

常见的错误走姿：速度过快或过慢、上身摆动过大、拖脚、含胸、歪脖、斜腰、挺腹、臀部扭动幅度过大等。

（二）头部语言

头部处于身体最上端的位置，是沟通时对方比较关注的部位。头部语言往往能简洁明快地表达人们的意图和反应，头部语言是否得体对交流的成功与否起着重要作用。头部微微抬起表示自信、自豪，但抬得太高则容易让人产生骄傲自负的感觉。头部低垂往往表示情绪低落、沮丧。头部正对着交流者，表示对对方的关注；在谈话中忽然将正对对方的头部偏向其他方向，可能表示对对方话题的回避。

点头表示同意或理解，还可表示礼貌、问候，意义随着场合不同而各有变化。摇头一般表示拒绝、否定的意思。在一些特定背景条件下，轻微地摇头还带有沉思的含义及不可以、不行的暗示。

（三）手势

手势是身体动作中运用最广泛、最明显的部分。有些手部动作是人下意识的生理反应，如遇危险时人们会下意识地用双手护住头部；情绪激动地说话时，手臂会快速地摆动等，但还有很多手部动作是在后天环境中形成的具有象征作用的非语言符号。例如，竖起大拇指可以表示赞赏等；翘起小指可以表示贬低等；搔头皮和摸后脑勺可以表示棘手或为难等。这些都是在一定文化环境中约定俗成的。

手势有助于沟通者识别对方情绪和感情倾向。一般认为，在胸前交叉双臂是一种自我保护或防卫的姿态，也可能表示不愿意与人过分接近；双手在背后相握可以表示个人的权威性，或者是试图自我控制；如果一条腿不时地轻微抖动，可能表示不耐烦的情绪或另有事要干，希望沟通早点结束；坐着时，双手叠放表示心情比较自然舒展；用牙咬手指表明遇到压力或精神威胁而产生了不安情绪。

从手势的表意内容来看，手势可分为指示手势、抒情手势、象形手势和象征手势。指示手势用来指示具体对象的手势动作。例如，用手指自己的胸口表示谈论的是跟自己有关的事情；伸出一只手指向某一座位，是示意对方在该处就座。抒情手势是伴随着说话人情绪的起伏而发出的，往往用来表达或强调说话人的某种思想感情、情绪、意向或态度。例如，高兴时拍手称快，悲痛时捶打胸膛，愤怒时挥舞拳头，悔恨时敲打前额，犹豫时抚摸鼻子，着急时双手相搓，竖掌猛力往下砍或往外推表示坚决果断的态度、决心等。象形手势是指比划事物形象特征的手势动作。例如，抬起手臂比划一个人的高矮，用捋下巴表示他人有长胡须等。象形手势略带夸张，极富感染力。象征手势是表示抽象意念的手势动作。这种手势一般具有特定的内涵。例如，英国前首相丘吉尔推广的一种象征胜利的“V”形手势，在欧美表示良好、顺利、赞赏的手势，在我国右手握拳屈肘举起表示庄严、忠诚和坚定等。

二、表情

表情是人的面部情态，主要由眼神、微笑等组成，是人类情绪、情感的生理性表露。在人际沟通的过程中，最容易被沟通双方观察到的区域莫过于人的面部。面部表情能真实可信地反映出人们的思想情感及心理活动、变化，“喜怒形于色”就是反映这个道理，通过人的表情可以感受到对方愉快、高兴、满意、生气、悲伤、害羞等各种情绪状态。表情一般是自然的，并非随意的，但有时也可以被自我意识调控，根据自身需要进行修饰。通常，人类的表情具有变化快、易觉察、可控制的特点。充分发挥表情的作用是医务工作者非语言沟通的重要内容。

（一）眼神

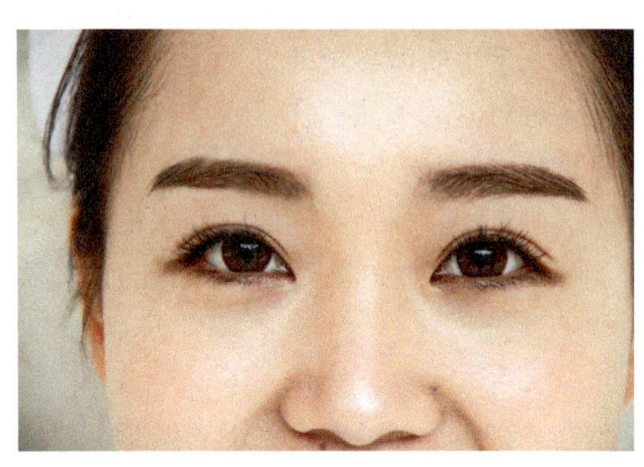

图 4-2 眼神

在人类的感觉器官中，视觉是最为敏感也是使用频率最高的感觉器官。通过视觉获得和表达的信息占沟通信息总量的70%左右。“眼睛是心灵的窗户”，眼神（图 4-2）常作为非语言沟通的一种特殊形式用来表达沟通者微妙而复杂的思想感情。

概括起来，眼神在人际沟通中的主要作用有以下几点。

1. 表达情感　在人际沟通中，眼神真实可信地反映着人们的思想、情感及其心理的细致活动与微妙变化。瞳孔的放大和收缩能真实地反映出复杂多变的心理活动。喜怒哀乐、悲欢离合，都会从微妙变化的眼神里真实地流露出来。

2. 调控互动　沟通双方可根据对方非语言表达的情况判断其个性气质、对沟通内容的重视和理解程度，从而调整沟通的内容和技巧。例如，交谈时，如果希望别人参与，则可以在谈话停顿的时候正视对方，提示对方可以插话；如果不希望自己的思路被别人打断，则可在停顿时将目光扫向别处，这等于告诉对方“这还不是我要说的全部，我只是略加考虑，请不要打断”。

3. 显示关系　眼神可以显示人际关系的亲疏程度，也可以显示人际间支配与被支配的地位。例如，平视对方给人地位平等的感觉，显示双方没有支配与被支配的关系；仰视对方则往往是晚辈与长辈、下级与上级的关系；俯视对方给人居高临下的感觉，表现了高高在上的支配地位。在公共场合与陌生人萍水相逢，双方如果目光相遇，接触时间相对较短，而熟人相见，目光相接的时间则较长。说话时将视线集中在对方的眼部和面部，表示真诚地倾听、尊重和理解。只注意自己手中的活儿，不看对方说话，是怠慢、冷淡、心不在焉的流露。伴着微笑而注视对方是融洽的会意；随着皱眉而注视他人，表示担忧和同情。

眼神交流的方式主要由注视的角度、部位和时间三部分组成。注视的角度不同表示不同的含义：视线向下（俯视）表示爱抚、宽容，也可以表示轻视，通常用于父母对子女、上级对下级、长辈对晚辈等人际沟通活动中。视线平行接触（正视）表示平等，也可以表示欣赏。视线向上（仰视）表示景仰、尊敬、期待。视线侧面接触（斜视）表示厌恶、轻视等。

注视的部位大体在双眼为中心、额头为上线、嘴角为下线的面部范围内，注视范围过小会使对方有压迫感，范围过大则会显得太散漫、随便。

注视的时间是指说话时视线接触的时间长短。人际沟通如果缺乏目光接触，则会成为一个令人不悦的困难过程，但长时间的凝视也会让对方感到压力甚至不愉快。一般与人相处时，注视对方时间的长短十分重要。在交谈中，听的一方通常应多注意说的一方。但注视对方的眼神超过全部相处时间的 2/3 以上往往会让对方产生怀疑，给人以挑衅的感觉或是对对方特别感兴趣。在沟通过程中，与朋友会面或被介绍认识时，可注视对方稍久一些，这既表示自信，也表示对对方的尊重。当双方沉默不语时，就不要再看着对方，以免加剧因无话题显得不安的尴尬局面。当别人说了错话或显得拘谨时，需要转移视线，以免对方把自己的眼光误认为是对其的嘲笑和讽刺。送客时，要等客人走出一段路，不再回头张望时，才能转移目送客人的视线，以示尊重。

医护人员在与患者交往时要有目光接触，即使是咨询病情和进行记录时，也要抬头注视一下患者的表情，以表示对他的重视，但不可对患者进行长时间注视。注视时间应在全部谈话时间的 30% ～ 60%，如果是异性患者，每次目光对视时间应不超过 10 秒。

（二）微笑

微笑是发自内心的一种善意情感的面部表情反映。微笑对沟通对象有心理学上所说的“移情效应”。微笑是世界通用的非语言行为，超越了民族和文化的差异，可以与有声语言相结合，沟通人们的心灵。一个真诚友好的微笑会传达给对方许多良性沟通信息（图 4-3）。

图 4-3　微笑

在医务工作中，微笑的作用主要有以下几个方面。

1. 促进沟通　医务工作者通过微笑可以缩短医患、护患、同事、上下级之间的心理距离，使对方感受到尊重和理解，建立起相互之间的关怀、信任和支持。善意的微笑很容易拉近患者与医务工作者之间的距离，消除患者对医务人员的防备心理，化解医患、护患之间可能发生的矛盾。

2. 优化形象　微笑是人内在修养的外在表现形式，是心怀善意、心理健康、精神愉快的标志。善于交际的人在人际交往中的第一个行动就是面带微笑。微笑给人以美好的第一印象，展示着一个人的自信和修养，对形成一个人的人格形象有着至关重要的作用。

3. 传达情感　走进商店，营业员微微一笑，顾客会感到满足，因为得到了尊敬；走进单位，同事间微微一笑，大家都会感到心情舒畅，因为它传递了合作愉快的信息；要请求别人帮忙时，对其微笑，对方可能会欣然同意，因为感受到了谢意和尊重。而在医务工作中，医务工作者微笑能使患者感觉心情舒畅，使其感受到来自医务工作者的关心和尊重，能帮助患者重新树立战胜疾病的信心。

只有发自内心的微笑才能使双方的沟通在一个轻松和谐的氛围中进行，才能够真正打动对方。一个真诚能打动人的微笑要做到以下几点。

1. 自然　微笑的共性是面露喜悦之色，表情轻松愉快。但是，如果发笑的方法不对，也会显得虚伪、不合适。真诚的微笑要发自内心、自然大方，要使笑容与自己的举止、谈吐有很好的呼应，要讲究精神饱满。总的来说，微笑是眉、眼、鼻、口、齿及面部肌肉和声音所进行的协调性的综合运动。

2. 适时 微笑时面部肌肉的运动幅度、微笑时间的长短都很有讲究。总的来说，微笑有三种程度差别。①含笑：不出声，不露齿，唇部向上移动，略呈弧形，表示接受对方，待人友善，适用范围较为广泛；②轻笑：嘴角上扬，上齿显露在外，不发出声响，表示欣喜、愉快，多用于会见客户、向熟人打招呼等情况；③浅笑：笑时低头抿嘴，多见于年轻女性表示害羞之时，通常又称为抿嘴而笑。具体采取什么程度的微笑，应视具体沟通场景和沟通对象的不同来确定。

3. 适宜 微笑要与所处的工作、生活场景和沟通对象的心情相协调。特别是在临床医护工作之中，服务对象往往是带着病痛来就诊的，患者家属心中也充满了焦虑，这个时候，如果医务工作者面带微笑迎接患者，可以给人心理上的安慰，但一味地微笑则会使对方觉得你内心冷漠，不关心他的病痛，没有同情心和同感心。如果患者猛然听到对疾病诊断或预后的不利消息，这个时候，医务工作者一个悲戚的眼神或一次手部自然的触摸相握就比脸上的微笑显得更真诚适宜。

三、仪表

仪表通常是指人的外表，包括仪容、服饰等，是人们文化素质、审美情趣，以及社会地位、经济状况和精神面貌的外在表现。人们可以通过仪容服饰表现自己和了解他人。

（一）仪容

图 4-4 仪容

仪容是人的外表容貌，是尊重他人的表现，也是自尊、自重、自爱的表现。男士仪容要求清洁、得体、潇洒，女士仪容要求整洁、端庄、大方（图 4-4）。

1. 头发 是展示良好仪容的重要方面之一。卫生清洁、发型自然是对头发的要求。发型要与脸形、服饰、年龄、职业、体型、颈部、发质等协调。

医务工作者在工作中要求发型利落：女性短发长度为前发齐眉、后发不及肩或到耳垂下沿。发长过肩者须用发卡或发网将头发固定于脑后，给人以稳重利落的感觉，切忌将头发染成怪异颜色或弄得蓬松杂乱。在工作时，原则上不佩戴发饰，固定头发的发卡应与头发的颜色相似。男性医务工作者不宜留长发，一般情况下不应剃光头。

2. 面容 应保持干净整洁，无其他任何不洁之物。坚持勤洗手、洗脸、刷牙、洗头、洗澡、剪指甲等卫生习惯，并注意去除眼角、耳、鼻等处的分泌物。“三分容貌，七分装扮”，化妆是修饰仪容的方法之一，是展示良好职业形象的关键手段。在人际沟通中，进行适当的化妆是有必要的，这既是自尊的表现，也意味着对沟通对象的重视。医务工作者淡妆上岗一方面可以维护自身形象，使精神面貌昂扬向上，显得精力充沛；另一方面体现出对患者的尊重，容易被患者接受。医务工作者化妆应遵循美观、自然、得体、协调的原则，妆容以表现健康的肤色为主，不宜浓妆艳抹，不追求怪异、出格的妆容，否则会有损职业形象和个人形象。

（二）服饰

服饰包括一般的服装和饰品。狭义的服饰仅仅体现为穿衣戴帽，广义的服饰是对一种文化、一种文明的解释，是展示美、表现美的重要方式。每个人应根据自己的个性、爱好、兴趣、体型等选择适当的服饰，扬长避短，通过服装来展现自我，提高自身的修养与品位。着装要遵循“TPO”原则，所谓的“TPO”是英文“Time、Place、Occasion”三个单词的首字母，分别表示时间、地点、场合。

1. Time 原则　着装要顺应时代的潮流和节奏，过于落后或过分新奇都会让人另眼相看，从而拉大与人群的心理距离。同时要注意季节的差异，夏季服饰应简洁、凉爽、大方，冬季服饰以保暖为主。此外，着装还应考虑时间的差异。例如，在西方国家，男性午前或白天不能穿小礼服，夜晚不能穿晨礼服，女性在日落前不应穿过于裸露的衣服。

2. Place 原则　一方面，着装要与地点相适应。例如，到某个国家或地区后，应充分考虑这个国家、地区的地理位置、自然条件、开放程度、文化背景、穿着习惯等，酌情选择适当的服装。另一方面，着装要与环境相适应，如办公室是很严肃的地方，因此穿着应整齐、庄重；而外出旅游、休闲、运动时，着装应力求宽松、舒适、方便活动。医务工作者在工作场合应穿工作服，而在家里、去公园就可以穿家居服和休闲装。

3. Occasion 原则　是指服饰穿着应考虑场合因素，即服饰所蕴含的信息内容必须与特定场合的气氛相吻合，否则就会引起他人的疑惑、反感甚至厌恶，导致交往空间距离与心理距离的拉大和疏远。例如，正式、庄严、隆重的场合，不宜穿 T 恤衫、牛仔服、夹克衫，更不能穿短裤、背心或超短裙。医务工作者在医院等工作场合如穿得花枝招展、过于时髦，则会显得轻佻肤浅。

此外，着装时还应注意与性别、年龄、肤色、体型、职业身份相适宜，整体配合则显得完美和谐。可以适当以佩饰点缀，起到画龙点睛的作用。但如果数量过多，浑身珠光宝气，反而给人一种庸俗不堪的感觉。佩戴饰物以少为佳，若同时佩戴多种首饰，则总数不宜超过三件。穿西服套装时要遵循“三色原则”和“三一定律”，即西服套装的主要颜色不超过三种，鞋子、腰带和公文包应为同一种颜色。

四、体触

体触是人际沟通的特殊形式，包括握手、触摸、搀扶、依偎和拥抱等。通常人们将体触分为礼节性体触、热情性体触和职业性体触三类。

人体触摸所传递的各种信息是其他沟通形式所不能取代的。体触有交流信息、传递感情、改善人际关系的作用。体触的主要形式如下。

（一）握手

握手是在相见、离别、恭贺或致谢时相互致意的一种礼节，沟通双方往往是先打招呼，后握手致意。握手的顺序遵循“尊者优先”的原则，即主人、长辈、上司、女士主动伸出手，客人、晚辈、下属、男士再相迎握手。握手时，年轻者对年长者、职务低者对职务高者都应稍稍欠身相握。有时为表示特别尊敬，可用双手迎握。男士与女士握手时，一般只宜轻握女士手指部位。男士握手时应脱帽，切忌戴手套、墨镜等握手。握手时要与对方目光接触，面带笑容，这样可以显示对别人的重视和兴趣，也表现了自信和坦然。

图 4-5 握手

手上有水或有汗时，应擦干再握；手不干净时应谢绝握手，同时必须解释并致歉（图 4-5）。

握手的力度表示了沟通的态度，应视与对方的亲密程度和接受程度而定。没有力度的握手或是手指部分漫不经心地接触对方的手都是极不礼貌的行为，也不宜太紧。握手时间一般以 1 ～ 3 秒为宜，不要长于 5 秒。时间过短显得仓促，如果握得太久显得过于热情，尤其是异性之间的握手时间不宜太长。

握手时先自我介绍，然后再伸手。握手时不能东张西望、心不在焉或面无表情，最好不要用左手同他人握手，不能交叉握手，忌拒绝与他人握手。

（二）触摸

沟通中的触摸有利于改善人际关系和传递信息，对婴幼儿的触摸有利于其个体生长发育。在人际沟通中，尤其是在医疗活动的人际沟通中，触摸应用广泛。触摸受文化背景因素的影响，人们对触摸的理解、反应程度有差异，因此在采用触摸方式时应综合考虑被触摸对象的性别、年龄、文化背景等多种因素。

（1）根据沟通场景选择触摸方式：例如，一位母亲刚得知自己的儿子在车祸中受重伤正在抢救时，护士紧紧握住她的双手，或将手放在其手臂上，可收到较好的效果；如果患者正在为某事恼火甚至发怒，此时去抚摸她，会引起患者反感甚至误解。只有采取与环境场合相一致的触摸，才有可能起到积极的作用。

（2）根据沟通对象选择触摸方式：从中国的传统习惯来看，女性与女性之间的触摸较容易取得好感，而对于异性应持谨慎态度。年轻女护士在护理老年男性患者时可适当采取触摸的方式，但不宜对年龄相仿的男患者进行触摸。触摸幼小儿童患者头面部可以起到消除紧张、使患者安心的效果；如果触摸年龄较大男孩子的头面部，则会引起他的反感。

（3）根据文化背景选择触摸方式：例如，东南亚的一些国家，无论大人还是小孩都不允许别人随便触摸自己的头部，否则被认为会给对方带来不好的运气；西方国家男女之间采用拥抱的方式表示友好，而在我国，异性之间主要通过握手的方式表示友好。

在选择和使用触摸方式进行沟通时，应注意观察对方的反应并及时进行调整，或结合使用语言交流来加以弥补或纠正。沟通双方对于触摸形式所显示的有关信息应基本保持一致，方能起到较好效果；否则会造成反感和误解。

链 接 人际距离

人们在与他人交往的过程中，无意中就确定了一定的距离。心理学家曾做过这样的试验：在一个刚刚开门的大阅览室内，第一位读者刚进去坐下，研究人员就进去拿椅子坐在他身边，试验进行了整整 80 人次。结果表明，在一个只有 2 个读者的空旷阅览室内，没有一个被试者容忍一个陌生人紧挨着自己坐下。当研究人员坐到他们身边后，更多的人很快就默默地转移到远一些的位置坐下，有的人干脆明确表示“你想干什么？”相反，在高峰时的公共汽车里，陌生人紧紧相贴，也能够容忍。

五、距离

距离是指沟通双方通过个人空间位置和距离传递信息和感情的非语言行为，可划分为以下四种。

（一）亲密距离（0.5m以内）

一般只有感情非常亲密的双方才会允许彼此进入这个距离。在亲密距离，谈话常是低声的，或者是耳语。话题往往非常私人，即使议论一下天气，也会带有强烈的感情色彩。在这个距离内，人们的沟通不仅限于言谈话语，而且也包括身体接触，如保护、安慰、爱抚等。因此这是一种显示知心密友、父母与子女或夫妻之间关系的距离。如果不具备这种关系的人无缘无故进入这种距离便会造成“空间的侵犯”，会使人十分不快。但有时因环境所迫，人们不得不相互进入这一距离。例如，在拥挤的车厢或电梯内，常常要与不相识、不亲密的人靠得很近，甚至紧贴着。此时便应采取“无视”态度，遵守以下规则：不说话，不与他人目光接触，脸上无表情，不露情绪，越是靠得近，越应避免不必要的身体动作，否则便会被认为有失礼貌甚至是非礼行为。

在医疗护理工作中，相当多的护理操作必须进入亲密距离方能进行。此时，应向患者解释或说明，使患者有所准备并给予配合，否则会使患者产生不安和紧张的情绪。

（二）个人距离（0.5～1.2m）

这是一般交往时保持的距离，伸手可触碰到对方的手，但是不容易触碰对方的身体，通常同事、朋友、熟人之间的交谈多采用这样的距离。如果一般关系的人进入这个距离交谈，往往表达了希望进一步发展关系，传递套近乎、讨好等信息。如果一方靠近，而另一方迅速离开这个距离，则表达了对于发展关系的拒绝态度。

在医疗护理工作中，医护工作者在与患者交谈、了解病情或向患者解释某项操作时，常采用这个距离以表示关切、爱护，也便于患者听得更清楚。

（三）社交距离（1.2～4m）

这是正式社交和公务活动中常用的距离。此时，双方已从握手的距离拉开，唯一的接触是目光的交换。说话的音量中等或略微响一些，以使对方听清楚为宜。

在医疗护理工作中，医护工作者对较为敏感的患者或是异性患者可采用这种距离。另外，医护人员之间在讨论病案或做健康评估时，也常采用这个距离。

（四）公众距离（4m以上）

这是人们在较大的公共场合所保持的距离，常出现在做报告、发表学术演讲等场合。此时，一人面对多人讲话，声音应响亮，非语言行为（如姿态、手势等）常比较夸张。

在医疗护理工作中，医护人员对患者或群众进行集体的健康教育时，在大交班中面对医护群体做交班报告时，或在给实习生做小讲课时，常采用这个距离。

在现实生活中，这些距离范围并不是固定的，尤其是个人距离，是由社会规范和交流者的个性习惯所决定的。一般来说，空旷场地相互距离会比较大，嘈杂环境的距离会比较小；同性之间的距离小于异性之间的距离；女性之间的距离小于男性之间的距离。在寻求帮助和主动加强关系时，应适当缩短距离。对医护人员来说，在不同的情况下要保持对距离的敏感性，重视距离在沟通的有效性和舒适感中所起的作用，通过距离的选择应用，表现对患者的尊重、关切和爱护。

六、环境

图 4-6 环境

环境不仅影响人的工作效率和效果，而且在沟通过程中能反映出许多信息。物体的摆设、建筑的方式及室内设计会影响人际沟通。一般来说，干净的环境比脏乱的环境更能促进沟通，也更有助于获得沟通对象的信任。开放式的环境有助于社交和办公，封闭式的环境更有利于私密和个人沟通（图 4-6）。

环境的颜色影响着沟通对象的心理与感情。颜色能被看见，也能被感受到。红色、橙色、黄色会产生侵略性刺激，沟通环境的地板、墙壁、天花板和家具如果是鲜艳的色彩，会使人血压增高、心搏加快，并增加脑部活动。清凉的色彩使人的生理器官正常活动，如蓝色具有镇静的效果，而淡绿色则让人觉得安静平和，所以医院的儿童病房除了用涂饰挂件等营造温馨可爱的就诊环境外，大多还会选择绿色或蓝色为主色调。

七、时间

非语言行为的时间是指在沟通过程中，沟通者根据沟通对象对待时间的态度来判定沟通对象的性格、观念和做事的方式，从而准确地了解沟通者，做出合适的沟通行为，达到有效的沟通。

通常，不同民族、社会、文化对时间的认知并不相同。例如，在我国，大多数人习惯按照农历来计算年份，因此很多人在沟通中所表达的“新的一年”是从农历的春节之后也就是公历的一二月份开始的。在欧美国家，时间就是金钱，沟通应该按照时刻表准确运行，而在某些国家，参加宴会或者谈判迟到是很普遍的现象。因此，和不同文化背景的沟通者进行沟通要了解和尊重对方的文化。

根据人们的地位和所处的环境，沟通者对时间有不同的估价，如门诊值班的医务工作者和散步闲逛的退休老夫妻对于时间的态度会有很大的区别。另外，使用时间的方式也反映了沟通者对待沟通的态度和热情。

第 3 节 护理工作中的非语言沟通

一、护理工作中非语言沟通的要求

（一）尊重患者

尊重患者即将患者置于平等的位置上，使处于疾病状态的患者保持心理平衡，不因疾病受到歧视，保持人的尊严。护理工作者尊重患者的人格就是尊重患者的个性心理，尊重患者作为社会成员所应有的尊严，即使是精神病患者也同样应该受到尊重。

考点 护士非语言沟通的要求

在护理工作中，与治疗、护理无关的个人隐私问题，如患者不愿透露，护士就不应该好奇地追问；如果是护理评估必须了解的内容，关系到护理诊断与措施的制订，应该以尊重患者的态度逐渐深入地交谈，在相互信任的基础上使患者敞开心扉。患者的病情也属于个人隐私，不要与治疗护理无关的人谈论患者的病情及个人隐私，即使是特殊病例讨论，也应在护士办公室进行，并应根据尊重患者的原则，严守患者隐私。

（二）适度得体

护理工作者的举止、表情、外表等常常直接影响患者对护理工作者的信任程度，影响护患之间良好人际关系的建立。与患者初次接触时，护士的举止仪表、风度等如能给患者留下美好的第一印象，则为日后的交往奠定了良好的基础。在护患沟通过程中，护理工作者的姿态要落落大方，笑容要适度自然，举止要礼貌热情，使患者感到亲切、温暖。

（三）因人而异

在与患者的交往中，护理工作者应根据患者的特点，采用不同的非语言沟通方式，了解其真实感受，以保证沟通的有效性。另外，护理工作者在日常生活和工作中要善于观察不同患者在不同状态下的非语言行为，并努力寻找其内在联系，总结出患者非语言行为模式的特点，这样才能有效地进行护患沟通，达到满意的效果。

二、护理工作中非语言沟通的技巧

考点 护士非语言沟通的技巧

（一）眼神

在护患沟通过程中，护理工作者应正确运用眼神进行非语言沟通，如果发现患者左顾右盼、东张西望，眼神游离不定，应及时调整谈话的内容或方式，要特别注意眼神注视的角度、部位和时间。

1. 角度　在护理工作中注视患者时，最好是平视，以显示护理工作者对患者的尊重和护患之间的平等关系。在沟通过程中，护理工作者可根据患者所处的位置和高度，灵活调整自己的身姿，尽可能与患者保持目光平行。在与儿童患者交谈时，护士可采取蹲式、半蹲式或坐位；与卧床患者交谈时，可采取坐位或身体尽量前倾，以达到平视目的。

2. 部位　护患沟通时，护理工作者注视患者的部位宜采用社交凝视区域，即以双眼为上线、嘴唇中心为下顶角所形成的倒三角区内，使患者产生一种恰当、有礼貌的感觉。如果注视范围过小或仅盯住患者的眼睛，会使患者产生过度紧张、不自在的感觉；注视范围过大或不正眼对视患者，则会使患者产生被忽视的感觉。

3. 时间　护患沟通过程中，护理工作者与患者目光接触的时间应不少于全部交流时间的 30%，也不超过全部交流时间的 60%；如果是异性患者，每次目光对视时间应不超过 10 秒。长时间目不转睛地注视对方是一种失礼的表现。

（二）微笑

护理工作者的举止、表情、外表等常常直接影响患者对护理工作者的信任程度，影响护患之间良好人际关系的建立。在护患沟通过程中，护理工作者的姿态要落落大方，笑容要适度自然，举止要礼貌热情。护理工作者微笑时，嘴部向上移动，略呈弧形，但

图 4-7　护士微笑

不要发出笑声。微笑应发自内心、自然真诚，切不可故作笑颜、假意奉承（图 4-7）。

在临床护理工作中，护士要善于理解表情，把握表情，并能在不同场合控制自己的情感，做到遇急事不慌，遇纠缠不怒，保持医疗环境的和谐与稳定。患者入院时，护士亲切的微笑会给其温馨安全的感觉；当护士带着真诚的微笑，轻巧而敏捷地来往于病床旁时，其对患者的精神安慰可能胜过良药；当患者悲伤时，护士关切理解的表情会带给其莫大的安慰；当患者病情危急时，护士从容镇定的表情使患者有安全感，可帮助其树立恢复健康的信心。护士除了善于运用和控制自我表情之外，也要仔细观察患者的表情，以进一步了解其心理活动和真实想法，从而更好地为患者提供高质量的护理服务。

（三）仪表

护士在进行护理工作时应戴护士帽。护士帽分燕尾帽和圆帽两种。

护士燕尾帽要求戴正、戴稳，距离发际 4 ～ 5cm，发卡固定于帽后，不要显露于帽子的正面，最好用白色发卡。燕尾帽在佩戴时要做到前不覆眉，侧不遮耳，后不过衣领。

戴圆帽（男护士或手术室护士）时，头发要全部遮在帽子里面，不露发际，前不遮眉，后不外露，不戴头饰，缝封要放在后面，边缘要平整。

护士帽要经常清洗，保持整洁，以免影响护士的自身形象。

（四）站姿

护士的标准站姿如下所示。

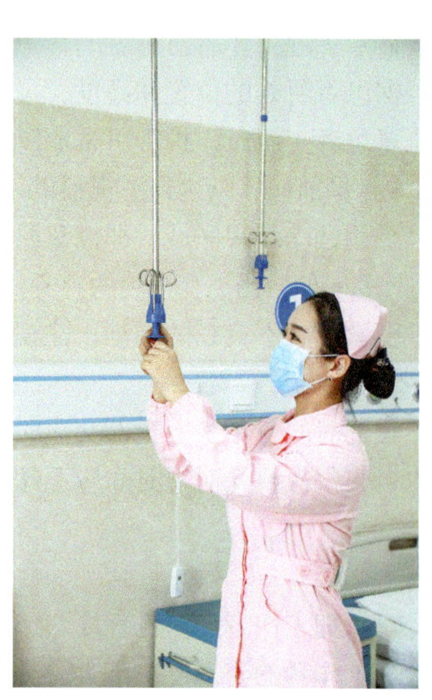
图 4-8　护士站姿

（1）头正：两眼平视前方，嘴微闭，下颌内收，颈直，表情自然，面带微笑。

（2）肩平：两肩平正，稍向后下沉。

（3）臂垂：两手在身体两侧自然下垂或在体前交叉。

（4）腿并：两腿立直，并拢，脚跟靠拢，两脚夹角呈 60°。

（5）躯挺：挺胸、收腹，身体正、直，臀部收紧，重心上提。

（6）切忌在站立时无精打采、东倒西歪、耸肩勾背或者懒洋洋地倚在墙边等。在与患者沟通及护士交班开会时，不要将手插在裤袋里或交叉在胸前，更不要下意识地做小动作，如咬手指甲，玩弄衣角、听诊器等（图 4-8）。

（五）坐姿

护士的坐姿要求如下所示。

轻缓地走到座位前，转身后两脚成小丁字步，左前右后，两膝并拢，同时上身前倾，向下落座。就座时要用双手在后边从上往下把护士服的下摆拢一下，以防坐出褶皱或因护士服被打折坐住而使腿部裸露过多。坐下后，上半身挺直，坐满椅面的 1/2 ～ 2/3，两肩放松，下颌内收，颈部挺直，胸部挺起并且使背部和大腿成直角，双膝并拢，小腿垂直于地面，两脚保持丁字步，双手自然地放在双膝或椅子扶手上。

对坐谈话时，身体稍向前倾，表示尊重。如果长时间端坐，可将两腿交叉重叠，但要注意将腿向回收。护士在与患者交流时，不可将上身往前倾，或以手支撑下巴。切忌不停地抖脚。

男士应双眼平视，上身正直上挺，双肩正平，两腿可略分开，但不宜超过肩宽，小腿垂直落于地面，两手放在两腿接近膝盖的部位或椅子扶手上。

（六）走姿

护士的走姿要求如下所示。

（1）步态轻盈：昂首收颌，挺胸收腹，直腰提臀，两臂自然摆动角度为 20° ～ 30°，重心在前脚掌上。

（2）步幅适中：步幅的一般标准为自身鞋码长度。

（3）步位平直：最好是一字步，两脚行走线迹应是正对前面成直线，而不是两平行线。忌扭腰、摇晃。

（4）步韵轻快：弹足有力，节律明快，有韵律感。

除了站、坐、行的规范之外，护士在工作中的仪态规范特别要注意以下几点。

（1）护士在交班时，交班者的手臂要呈 90° 持交班本，身体挺直、吐字清楚、声音洪亮。不可斜歪着身体、佝偻着腰、弯曲着腿、谈吐含糊、声音低小。

（2）护士持物走在狭窄的走廊中，对面遇患者过来时，应将身体侧立一旁，让患者先过。

（3）护士端治疗盘时，双手托握治疗盘下缘，肘关节贴近躯干呈 90°，开门时不能用脚踢门，而应该用肩部将门轻轻推开。

（4）护士推治疗车时，应双手轻握治疗车近侧两端，身体稍前倾，重心集中于前臂，行进、停放平稳。行进中随时观察车内物品，注意周围环境，快中求稳。进门时，不要用治疗车撞门。

（5）护士蹲下拾物时，应一脚在前，一脚后退半步，左手从身后向下捋平衣服，两腿靠紧向下蹲，前脚全脚掌着地，小腿基本垂直于地面，后脚脚跟抬起，前脚掌着地，臀部要向下（图 4-9）。

图 4-9 蹲下拾物

实践训练 非语言沟通

主题：非语言沟通的运用	地点：教室	时间：1课时

目标：1. 规范非语言行为
2. 体验非语言行为在沟通中的运用
3. 能正确使用非语言行为达到良好沟通效果

活动名称	活动流程	学生准备 物品准备	注意事项	时间分配
观看视频	播放护士非语言沟通技巧演示的视频，并让大家找出技巧要点	搜索其他护士站姿、坐姿、走姿等相关片段	让学生观察视频细节，注意发现问题	10分钟
分组展示	1. 将学生分成若干小组，每组5～6人 2. 每组派人分别展示站姿、坐姿、走姿、蹲下拾物、握手或触摸等非语言行为	推选两名主持人串场 病历夹和治疗车各一个	每人展示时间不超过10秒，每组展示时间不超过2分钟	20分钟
技能收获	1. 学生点评其他组展示 2. 教师讲解常见问题、非语言行为的要求和注意事项 3. 每组非语言行为请1～2名同学进行模范演示	示范并录像	请学生认真记录并总结	10分钟
活动小结	总结本次实践活动的表现，开展组际交流			5分钟

自测题

一、单选题

1. 最难解释的非语言沟通行为是（　　）
   A. 接触　B. 目光的接触
   C. 面部表情　D. 手势
   E. 身体的姿势
2. 某患者昨天刚刚做了双下肢截肢手术。早上护士进病房时发现她躺在床上暗暗地流泪，此时护士的最佳反应应该是（　　）
   A. 佯装没有看见
   B. 悄悄离开病房
   C. 询问同室患者
   D. 静静地坐在床旁陪陪她
   E. 试着让患者说出伤心的原因
3. 个人距离是护患沟通的最理想距离，它是指护患沟通时双方相距大约（　　）
   A. 15cm　B. 30cm　C. 40cm
   D. 1m　E. 3m
4. 非语言沟通的特点不包括（　　）
   A. 多种渠道　B. 多种功能
   C. 文化的差异性　D. 有意识的行为
   E. 具有多种含义
5. 关于语言沟通和非语言沟通，下列哪种说法是错误的（　　）
   A. 语言沟通可以澄清非语言沟通的含义
   B. 非语言信息往往比语言信息更加可靠
   C. 非语言信息比语言信息更能准确地表达一个人的思想
   D. 非语言信息可以强化语言信息的含义
   E. 语言沟通和非语言沟通是互相联系的

二、简答题

1. 非语言沟通在医患、护患沟通中有何作用？
2. 简述微笑在护患沟通中的作用。
3. 举例简述服饰着装的“TPO”原则。

（田　里）

第5章
沟 通 技 巧

案例 5-1

小李经过护士站，看到一位患者在医院的处方上涂写。小李急忙上前将患者手中的处方抢走。患者想要解释，小李拿着处方就走，患者被激怒了，情绪非常激动。

工作经验丰富的小王见状，连忙上前，一边道歉："对不起，请您不要着急。"一边示意患者坐下，耐心而礼貌地安慰："我很理解您的心情，有什么问题我一定尽力帮您解决。"见患者慢慢平静下来，小王接着说："但是，可能您不知道，对于处方的使用范围，医院有严格的管理要求，处方不能随便作其他的用途……"

患者着急地比划，小王递过纸。患者写道："我做了手术之后暂时不能讲话，只能写字，原来买的写字板太大，不方便携带。"

小王连忙接过话头："这样啊，那是我们工作做得不到位，没有考虑到您的实际困难，请您谅解。我现在就给您拿一个我们自制的小本子，便于您携带使用。"小王马上到护士办公室拿了一个专供患者书写的小本子交给患者。

问题：1. 小王在与患者沟通过程中运用了哪些沟通技巧？

2. 小李有哪些方面需要改进？

3. 假如你是值班护士，面对这个案例你将如何处理？

第1节 倾 听

一、倾听的概念与作用

（一）倾听的概念

考点 倾听的概念

倾听是在交谈过程中，一方接收另一方发出的语言和非语言信息，确定其含义并做出积极反应的过程。研究显示，人们用在听、说、读、写等沟通技术上的时间占比分别如下：说占16%，读占17%，写占14%，而倾听则占了53%。也就是说，在人际沟通的过程中，大部分时间都是在听。

图5-1 倾听

倾听和"听见"是不同的概念，听见是一个生理过程，取决于耳朵对振动波做出的反应。倾听包括两个基本要素：一是接收信息，二是做出回应。倾听是将自己投入到听见的信息中，并且用心听，给予关注，是一个集中注意力于所听见信息的一种有意识的行动（图5-1）。

（二）倾听的作用

一个真正受欢迎的人，往往不仅仅是因为他会说，更是因为他善听。每个人都需要有听众，用心倾听方能深得人心。一个善于沟通的人，必定是一个善于倾听的人。倾听的作用主要体现在以下几个方面。

1. 获取信息、开阔视野 “听君一席话，胜读十年书”。这句俗语从倾听的角度说明善于倾听的人能够从与他人的交谈中，了解对方的情况，获得有益的启迪，对自己所听见的信息给予关注，接收信息，开阔视野。

2. 体现尊重、增进理解 善于倾听不仅是对别人表达尊重和鼓励的特殊方式，还有助于增进彼此的理解和感情。只有真诚投入地倾听，你才能发掘对方的优点并加以赞美；发现对方的痛苦并给予安慰；消除彼此的误会、隔阂与不信任，找到双方的共同之处并以此为切入点建立更深的感情。

善于倾听的人能使对方产生一种被尊重的感受，人们往往对与自己相关的事情更加关注、更感兴趣，设身处地地倾听对方的倾诉并给予恰到好处的回应，能够使对方感到自己被重视、被信任、被理解和被接受，是对他人体现尊重和增进理解的最好方式。这一点在交友和工作上都至关重要。

3. 融洽气氛、掌握主动 善于倾听的人才能克制冲动，控制愤怒，避免无谓的争论，从而营造一个融洽的沟通氛围，拥有一个较为平和的人际环境，这对于身心健康与成功沟通都是有百益而无一害的。

所谓“雄辩是银，倾听是金”，在时机未到时选择倾听并保持沉默是一种“大智若愚”的艺术。少开口，不做无谓的争论，可以探测对方的动机，逐步掌握主动权。而善于倾听则是为自己争取沟通主动权和引导权的关键。

链接 松下幸之助的经营哲学

松下幸之助只接受了4年小学教育，23岁开始创业，31岁成为全日本收入最高的人，去世时留下了15亿多美元的遗产。这是被称为“经营之神”的松下幸之助的传奇一生。被问到经营哲学时，松下幸之助只有简单的一句话：“首先要细心倾听他人的意见。”

二、倾听的层次与障碍

（一）倾听的层次

倾听有层次之分，一般来讲，从低到高分为以下五个层次。

1. 听而不闻 “左耳进右耳出”，如同耳边风，完全没在意对方所说的话，内心考虑的是其他与沟通毫无关联的事情。这是倾听的最低层次。

2. 敷衍了事 “嗯…”“呃…”“哦…”的回答表示略有反应，其实是心不在焉，从而错过或误解对方的表达。

3. 选择性听 只听到符合自己心意的部分意思，与自己想法相左的或自己不感兴趣的一概自动过滤掉。

4. 专注聆听 “主动式”“回应式”聆听，以复述对方的话表示确实听到，从而获取信息。但聆听的目的是做出反应，并不是想了解对方。所以对方讲的都听了，但只是简单地照单全收，并没有理解对方的内容，也没有把握重点，所以未必能听出对方的真意、本意。

5. 同理心倾听　其目的是“了解”而不是“反应”，也就是其出发点是透过交流去了解别人的观念、感受。避免主观判断，做出武断的评价，处于这一层次的倾听者看待事物能够设身处地，对于对方情感能够感同身受，这是倾听的最高层次。不仅需要“耳到”，同时需要“口到”（准确表达）、“手到”（肢体语言）、“眼到”（观察交流），更需要“心到”（用心体会）。

在人际沟通中应重视倾听，尽可能做到高层次的倾听，避免低层次的倾听。当我们用同理心去倾听的时候，能让对方感受到尊重，获得心理上的满足，从而更好地达成共识、解决问题。

（二）倾听的障碍

事实上倾听存在着各种各样的障碍，它们直接或者间接地影响倾听达到理想效果。

1. 来自环境的倾听障碍　环境干扰是影响倾听效果最常见的因素之一，交谈时的环境各种各样，时常分散、转移倾听者的注意力，从而影响倾听效果。具体来说，环境障碍主要从以下两方面影响倾听效果。

（1）从客观上干扰信息传递，消减、歪曲信号：如嘈杂的课堂与安静的课堂所达到的效果就是截然不同的。

（2）从主观上影响沟通者的心境：这就是人们会注重选择合适的沟通场所，营造良好的沟通环境的原因。例如，老师在课堂上向同学们征询班级活动建议，大家会十分认真慎重地发言；如果换作在食堂餐桌上，同学们交流想法可能就会更畅所欲言，有些自己认为并不成熟的想法也会毫无压力地表达。这就是不同场合、不同环境带给人们的氛围、情绪和心境都大不一样的缘故。

2. 来自倾听者自身的倾听障碍　倾听者自身在整个沟通过程中起着举足轻重的作用，其态度和理解能力直接影响倾听的效果。由于每个人都有自己的经验和想法，难免在倾听时加上自己的情感和成见，无形中对准确理解对方传递的信息造成了障碍，从而影响沟通效果。具体来说，倾听者自身障碍主要从以下三方面影响倾听效果。

（1）放任走神、缺乏专注：最常见的倾听障碍就是倾听者受到内部因素或外部因素的干扰而无法集中注意力。由于大脑思考的速度比嘴巴说话的速度快很多，在倾听的同时还有很多空余的“大脑时间”，很容易在倾听时感到厌倦，就会寻找一些事情来占据大脑空闲的空间，尤其是身体疲倦、精神厌倦或对对方所传递的信息不感兴趣时，很容易放任自己走神、胡思乱想，中断倾听过程去思考一些别的不相关的事情。这是一种不良的倾听习惯。

（2）打断对方、支配谈话：这也是倾听障碍的影响因素之一。在回应对方之前，应该先听他把话说完。很多倾听者总是在应当倾听时擅自插嘴、发言、支配谈话过程、粗鲁地打断对方的发言，这是对对方及其信息不尊重的表现。而这种情绪一旦占据了思维，就会无法客观把握对方所传递的信息。

（3）先入为主、排斥异议：倾听者先入为主、心存偏见会在很大程度上影响沟通效果。成见让倾听者无法对对方所传递的信息保持开放、包容和接纳的心态。因为在倾听之前就已经对对方或所传递的信息做出了主观判断。这样做就可能完全听不进去对方的观点。同时，大多数人喜欢听和自己一致的观点，倾向与自己相同的想法，有意无意排斥与自己不同的意见。这样注意力就不能集中在逆耳之言上，不可能愉快交谈，同时也会失去许多通过交流获得不同信息、思想的机会。

三、有效倾听的技巧

了解别人内心世界的第一步就是倾听。不仅要听语言表达的内容，还要注意观察对方表情、语调、手势等非语言行为。只有掌握有效倾听的技巧，才能成为一个高明的倾听者，正确理解并有效利用信息，听出“言外之意，话外之音”，理解对方说话的真正意图。有效倾听的技巧主要包括以下几个方面。

（一）做好准备，积极投入

考点
有效倾听的技巧

倾听不仅是对声音的吸收，更是对内容意义的理解，因此，有效的倾听不仅需要用耳朵，更需要保持良好的精神状态，做好倾听的充分准备，排除外界干扰因素，集中注意力全身心投入。具体要求主要体现在以下几点。

1. 积极做好倾听准备 选择安静、舒适的环境，尽量排除外界干扰因素，创造有利的倾听环境，使沟通双方都处于身心放松的状态，以集中注意力，保证谈话的有效进行。

2. 主动保持目光交流 保持良好的目光交流，要面带微笑，用30%～60%的时间注视对方面部的社交凝视区（唇心以上双眼以下的倒三角区域），表现出认真和有兴趣的样子，这样既能帮助你倾听，又能让对方相信你在注意倾听。要避免在整个交流过程中始终注视对方的眼睛，以免引起对方不自在。倾听的过程中要随时调整注意力，避免走神。

（二）观察助听，领悟暗示

倾听是一个需要认真观察和思考的过程，要仔细观察对方，及时掌握非语言信息，善于理解对方的真实想法。

1. 学会听话外之音 所谓“锣鼓听声，听话听音”，也就是沟通时应结合语境、联系前后话，运用自己的经验，揣摩对方的心理，听出对方所言的话中话或深刻含意。如果你只听表面意思，就得不到真实的判断。因此，仔细体会“话中有话”，听出“弦外之音”非常重要。要求在倾听时不但要用耳，也要用心，经过大脑分析，听出言外之意，话外之音。

2. 领悟非语言暗示 要重视表达者的非语言行为，以了解对方的真实想法。在沟通的过程中，经常会有词不达意或词难尽意的时候，表达者就会同时使用非语言行为来进行辅助，以弥补语言的局限，从而更充分、更真实地传达自己的意图。这时，表情、语调、手势及身体距离等非语言行为就成为信息传递的重要组成部分。

（三）体态配合，积极引导

在倾听过程中，借助体态语言，主动而及时地做出情感反应，表达肯定和赞许，能使交谈双方心情愉快，取得更好的沟通效果。

1. 体态配合 倾听时面向对方，采取与其相匹配的体态表达沟通意愿，保持适当的距离和姿势，假如想进行更明确更深层的交谈，可以将身体向对方前倾或者把椅子移近，缩短空间距离。

2. 积极引导　如果感到对方说得正确，可以用亲切的微笑、专注的目光、适时的点头及简洁的回应表示肯定和赞同，以鼓励对方尽情表达，引导谈话更好更深入地进行。

（四）保持耐性，避免争论

1. 切忌预设立场　切忌过早做出判断或得出结论。当你心中已经对某件事情做出判断时，那些成见会成为你有效倾听的最大障碍，从而干扰你对信息的接收和理解，你就不会再倾听他人的意见。忘记那些已有的成见，全身心投入谈话当中，你会有更大的收获。

2. 避免打断对方　即使你已感到不耐烦，也不要急于否定或打断对方的表达，应该等对方的表述告一段落时，再不失礼貌地表明自己的看法，这样也更易于被对方接受。

3. 尽量不要争论　学会控制情绪，放松心情。你们是在交流信息，而不是在参加辩论赛，争论只会引起不必要的冲突，要始终明确沟通的目的不是为了发泄情绪，因此要尽量控制争论的冲动。学会接受不同的意见才有可能让你的反对派成为你的朋友，从而达成共识。

链 接　倾听技巧之“SOFTEN”原则

SOFTEN是由最重要的六种倾听技巧的英文首字母缩略组成的，包括S（Smile），微笑；O（Open Posture），聆听的姿态；F（Forward Lean），身体前倾；T（Tone），语调；E（Eye Communication），眼神交流；N（Nod），点头。以上六种技巧巧妙结合起来能使交谈对方产生一种舒适和受重视的感觉。

第2节　赞美与批评

一、赞美的概念与作用

（一）赞美的概念

赞美是夸奖、称赞的意思，是发自内心的对于自身所支持的美好事物的一种肯定，是用语言表达对人或事物优点的喜爱，是日常社交活动中人们经常使用的一种沟通语言（图5-2）。

图5-2　赞美

（二）赞美的作用

每个人内心深处都有渴望得到别人尊重和认同的需求。赞美不但能让被赞美者产生心理上的愉悦感，同时也让赞美者赢得别人的好感。真诚的赞美对沟通双方都是大有裨益的。

1. 能使被赞美者感到愉悦、受到鼓励　每个人都希望得到别人的关注，都渴望被承认、被赞美，赞美就像带着魔法的语言，能使被赞美者的自尊心、荣誉感得到满足，感到愉悦和鼓舞。

2. 能使赞美者学会欣赏、更加乐观 真诚赞美他人是自己进步的起点。赞美者因为经常主动发现别人的优点，从而对自己的人生也会抱有开朗、乐观、欣赏的态度。因为由衷地欣赏他人，自己的心胸也会更加开阔，对人对己更有信心。

3. 能使双方形成良性沟通、融洽关系 被赞美者会对赞美者产生亲切感，其良性回馈也能使赞美者感到愉快，从而改善相互之间的沟通氛围，形成人际沟通的良性循环。例如，孩子受到父母的夸奖会感到轻松快乐、喜爱父母；学生听到老师的表扬会奋发向上、亲近老师；下级得到上级的称赞会富有成就感、爱戴领导。这说明赞美不仅能够调节心理，激励人们更好地生活、学习和工作，而且对改善人际关系、建立与他人的友好合作具有积极的推动作用。

因此，掌握赞美他人的基本技巧，在日常生活中学会赞美，对于建立良好的人际关系是十分重要的。

二、赞美的原则与技巧

（一）赞美的原则

赞美要遵循以下原则。

1. 真诚热情 赞美他人要真诚热情，只有基于事实、发自内心的由衷赞美才能引起对方的信任和好感，达到赞美的最佳效果。那些言不由衷、虚情假意的赞美会引起对方的反感，干巴巴的赞美也会因为缺乏热诚而显得敷衍。

例如，当你见到一位其貌不扬的姑娘，却偏要赞美她“你长得太漂亮了”。对方会因为你的违心之言而认为你是一个不够真诚的人。但如果你能够着眼于发现她在学识、谈吐、气质、才干等方面的出众之处并给予真诚热情的赞美，她一定会感到愉悦，并高兴地接受你的赞美。

2. 明确具体 赞美他人越明确、越具体，越能给人真实可信的感觉，效果也越好。空泛笼统、含糊其辞的赞美给人以一种敷衍的感觉，甚至产生不必要的误解。赞美用语越是翔实具体，说明你对对方的长处越是了解和看重，越能显示真诚、亲切和可信，越有说服力和影响力。例如，赞美对方“你的歌声是那么甜美，听你唱歌真是一种享受，特别是艺术节你唱的那首……”“你这篇文章很能引起共鸣，写父亲的那段让我不禁想起自己与父亲相处的点点滴滴……”等。

3. 适时适度 真诚的赞美应该把握合适的时机，善于发现别人哪怕是最微小的长处和成绩，并不失时机地予以赞美。例如，当对方在做一件有意义的事情时，开头的赞美能帮助他下定决心，过程中的赞美能激励他坚持下去，身处逆境的赞美能帮助他振作精神，结束的赞美能推动他再接再厉。日常生活，平淡是真，取得非常显著成绩的时候并不多，因此赞美还应从具体的事件入手，适可而止、恰到好处。根据对方的年龄、性别、职业等具体情况把握好分寸，以免引起尴尬。

（二）赞美的技巧

每个人都有他的亮点，要学会发现、学会欣赏、学会赞美。在社会交往中，如果善于发现对方的优点，适时地表示你的赞美，谈论对方感兴趣的话题，便能赢得对方的好感，形成温馨和谐的沟通气氛。赞美要掌握以下技巧。

1. 主动关注 主动与对方打招呼。一个欣赏的目光、一个赞许的手势、一个友好的微笑也是一种赞美，其背后的含义是我眼中有你。记住对方重要的日子或事情，适度指出对方的变化，在特别的时候给对方一个惊喜，表示我很在乎你，你在我心目中很重要，我一直在关注你，这样也能收到很好的效果。

2. 立即赞美 赞美的时机很重要，赞美一定要及时。见面的第一件事是先赞美一下对方新换的发型、新买的衣服，表示对方的每一个小变化我都注意到了；知道对方重视或得意的事情时，尽量给予对方及时的赞美。

3. 间接赞美

（1）一种方式是引用他人的话，转达对对方的赞美。例如，“小李很能干啊，怪不得你的班主任总在办公室夸你不错！”这样不仅可以避免直接赞美的不好意思，同时有可能赢得小李和班主任双方的好感。

（2）另一种方式是赞美的话不直接与对方说，而是通过第三方来表达，让对方知道，这是一种很高明的技巧。因为在人们观念中，第三方说的话是比较公正的，当面赞美对方，有时对方会怀疑你是否真诚，而在背后赞美对方，借由第三方的口吻间接让对方知道你背后的赞美，往往会觉得更真实可贵，更能使对方感受到诚意，比你直接告诉本人更多了一份惊喜，更能赢得对方的信任与好感。

三、批评的原则与技巧

批评是为了帮助、警醒对方而指出其缺点和错误。诚恳善意的批评既能帮助对方认识、改进不足，不断完善自己，又能缩短双方的心理距离，起到警示提醒、教育促进及调整人际关系的作用。

（一）批评的原则

1. 教育帮助原则 批评也是一种引导激励、教育帮助的方法。应该就事论事，对事不对人，设身处地为对方着想，理解对方，用平和的心态通过批评指出其错误及原因，来限制或者纠正不正确的行为，鼓励帮助其进步。

2. 适时适度原则 教育、帮助他人有许多方法，众所周知，批评这种警醒式的引导不像表扬那样令人愉快。当有别的更好的方法可供选择时，尽量不要选择批评；当可以选择小范围批评时，就不要大范围批评。

同时，批评一定要讲究分寸、注意大处、不究细节、注意方式方法，照顾对方的感受，尽量避免引起对方的反感。注意语气，不说过头话，多启发、少评判。应选择适当的时机，委婉地提出自己的想法，含蓄地指出对方的不足之处，从而达到教育帮助的目的。

3. 客观公正原则 客观公正是批评的最基本要求。批评通常出现在事情发生之后，因此一定要在深入调查情况、详加了解事实、仔细思考之后，以事实为基础，通过调查分析对对方的思想行为做出实事求是的评价。要弄清原委、分清责任，给予公正合理的批评。不能捕风捉影、以偏概全、无中生有、一味批评。

（二）批评的技巧

1. 责己感人 在指出对方的缺点、错误的同时，通过恰当适度的自我批评，显示自己也曾有同对方一样或类似的缺点错误，使他人受到教育，认识到自身的错误。不仅能给对方一种严于律己的印象，而且有利于消除对方的抵触情绪、减轻对方的心理压力，取得更好的效果。

2. 扬抑结合　美国著名实业家玛丽•凯什说：“不管你要批评的是什么，都必须找出对方的长处来赞美，批评前和批评后都要这么做。这就是我所谓的‘三明治策略’——夹在两大赞美中的小批评。”从肯定和表扬开始，再批评，最后以赞美（或建议希望）结束。让对方感觉批评者对问题的看法全面客观，对自己的批评没有恶意。同时也能消除疑虑，平衡接受批评时的心态。

3. 幽默风趣　德国演讲家海因•雷曼麦说：“用幽默的方式说出严肃的真理，比直截了当地提出更容易让人接受。”批评容易给人造成紧张的气氛，而运用幽默风趣的方法来批评他人，则能使这种紧张的气氛变得比较轻松愉悦，使批评变得更易于被接受。

4. 温和友善　站在对方的角度，与批评对象一起分析其缺点错误的有关事实和危害，讨论克服和改正的办法，有针对性地提出建议和希望。这样做既能让对方认识到自己的问题，又能使对方充分体会批评者的诚意，有利于融洽双方关系，达到更好的批评效果。

链 接　温和友善的力量

《太阳与风》是《伊索寓言》里的故事：北风与太阳为谁的能量大争论不休。它们决定，谁能使行人脱下衣服，就证明谁的能量大。北风开始猛烈地刮，路上的行人反而更紧地裹住自己的衣服。北风刮累了，太阳说：“我来试试吧。”太阳开始把温暖的阳光洒向行人，人们觉得好暖和啊，就脱掉了外套。太阳对北风说：“温和友善永远强过激烈狂暴。”

第 3 节　劝慰与道歉

一、劝慰的概念与作用

（一）劝慰的概念

劝慰是通过对话调适、劝解、安慰，从而改善对方心态的活动。要走进对方内心，设身处地，将心比心，给予最贴心的抚慰，从而改变对方对现状的理解，使其在心理上得到满足，从而摆脱痛苦，感到幸福。

（二）劝慰的作用

1. 助人摆脱痛苦　很多时候，一个人遭到挫折或不幸，并不是需要别人帮他解决问题，只是需要理解与安慰。真诚的劝慰不仅能使其痛苦、懊丧的消极情绪得以宣泄，并且有助于消除其心理上的孤独感，使其增强战胜困难的信心。例如，朋友工作压力太大，生病住院了，向你抱怨自己给家人增加了负担，影响了工作。你可以安慰他说：“我理解你的心情，但身体是革命的本钱，不如借此机会好好调理，很快就会好起来，以更好的状态投入工作、照顾家人，不是很好吗？”

2. 促人奋起振作　遭受困难和挫折的人，由于一时无法接受现实，情感上往往表现为悲观丧气，沉溺于消极的沮丧情绪之中，看不到前途和希望。这个时候，真诚积极的劝慰能帮助对方减轻心理负担、从多方面全面客观地分析自己的实际情况，促使对方振作，重拾勇气与信心。例如，孩子高考发挥失常，难过自责，家长却责怪："早知今日，何必当初？你现在这样的状态，就算复读也不一定能考出好成绩！"孩子会更加痛苦，而且会对自己没有信心。如果是这样劝慰，"妈妈当年第一次高考也有过发挥失常的经历，因此非常理解你的心情，但挫折是最好的磨砺，妈妈第二次高考就考上了理想的大学。你再好好准备一年，知识掌握得更加牢固，明年再考，一定会超出今年预期的成绩"，就能帮助孩子消减心理压力，让他在暂时的失利中看到光明的未来，从而走出痛苦，奋发有为。

二、劝慰的原则与技巧

（一）劝慰的原则

1. 了解劝慰对象 由于生活经验不同、教育背景各异等原因，每个人对相同事情所体验到的痛苦并不一样。了解劝慰对象，首先要了解他的内心情感和现实处境，他遇到了什么问题，产生问题的原因是什么，他的心态怎么样，情绪上有什么波动等。这种基于了解的劝慰才能既得体，又到位。例如，探望身患重病的人，他的问题主要是精神负担重，情绪消沉，在这个时候非常需要精神上的安抚。经常陪在他身边，常用肢体语言，如握握手、摸摸头，给他温情关爱，让他感到并不孤独。劝慰时，不要多谈论病情和一些敏感的话题，应多谈谈他关心、感兴趣的事情，或者轻松愉快的事情，让他开心，转移注意力，消除对疾病的恐惧，减轻精神负担。鼓励他积极乐观地配合医生治疗。

2. 选择适当时机 一个人悲伤、痛苦的时候，不要急于逻辑分明地劝阻对方的恸哭和诉说，要让其宣泄、释放出来，这有利于较快地平复情绪；也不要在事情过去较长时间之后，还主动提及去劝慰，这样做不仅失去意义，而且会使朋友已经平复的心情重起波澜，勾起伤心的记忆。

3. 真诚开导鼓励 对被劝慰者而言，真诚的开导能帮助他化解内心的情绪，你的感同身受是给予他的最好的帮助。劝慰时要善用同理心去关怀对方，针对对方的心理，感情真挚、循循善诱、情真意切、积极引导对方忘记烦恼和忧愁，让失望者看到希望，给迷惑者指明方向，要让对方感到你对他的遭遇有真挚的同情、恳切的劝导、热情的希望。

（二）劝慰的技巧

1. 现身示范 面对面劝慰他人的时候，我们内心真正的状态非常重要，当我们试图劝慰对方的时候，最好能结合自己经历的相似挫折和教训，使对方察觉到你对他的遭遇感同身受，这样就能更好地启迪对方的心智，让对方明白道理，看到问题，平衡其心态。

2. 引导发泄 当劝慰对象处于不良情绪时，要让对方知道你支持他们的立场，理解和认同他们的痛苦，引导其释放不良情绪。例如，耐心聆听其委屈的倾诉；对方痛苦哭泣时陪伴着他；允许其愤怒喊叫或摔打。这些都是排除情绪毒素的方式，是心理疗伤的过程。发泄以后，其心态一般会进入比较平衡的状态。

3. 转移注意 对方处于挫折带来的不良心态中时，要想方设法引导对方从其心理关注点上转移出来。例如，可以通过分析导致困境的客观原因帮助其减轻自责；可以通过展望未来的前景使其看到事情有向好的方面发展的可能；可以通过强调其肩负的责任促使其明白沉溺不能解决问题，要担负起自己的责任。

三、道歉的过程与技巧

道歉是指因为自己的不当或无礼言行使对方受到委屈，以礼节或者行动承认错误、表示遗憾以取得对方的理解和原谅。

（一）道歉的过程

道歉的过程分为三步：表达歉意、解释原委和补偿损失。

1. 表达歉意　是道歉的第一步，要明确表达出你对自己的行为感到抱歉，这也是决定道歉是否有效的重要步骤。要向对方承认自己的错误行为，并承认这些行为给对方造成的不便、失望、痛苦、伤害等不良影响。要为自己的所作所为和造成的后果承担责任。

2. 解释原委　道歉要解释清楚，解释是淡化伤害行为的重要环节，解释不是找理由为自己开脱，避重就轻，推卸责任。而是诚心诚意地将自己的错误明确地指出来给对方提供一个合理的解释，对自己的行为负责，让道歉显得更具诚意，才能得到对方的尊重和谅解。

3. 补偿损失　是道歉的主要特征，大多数时候，当我们能够想办法完全弥补对方的损失时，矛盾便会迎刃而解。而当我们完全有能力补偿却没有做或不愿意做时，道歉便会失去意义。

（二）道歉的技巧

1. 道歉应及时　认识到自己的错误后，应该马上向对方道歉，承认自己的错误，不要拖延，时间拖得越久，就越容易使对方误解。

2. 道歉应真诚　道歉需要诚意，要认真反思自己的错误，要有真正的悔过之意，避免下次再犯同样的错误。真心实意地道歉才有可能取得对方的谅解。

3. 道歉应正式　正式的道歉更能让对方感受到你的诚意。尽量选择当面道歉的方式，如果没有办法当面道歉，也可以选择电话道歉或书面表达歉意。

第 4 节　提问与回答

一、提问的方式与技巧

考点
提问的方式

（一）提问的方式

提问可以引导交谈围绕主题展开，是收集信息和核实信息的一种手段。按照发问方式不同，提问一般分为封闭式提问和开放式提问两种。

1. 封闭式提问　是一种将应答者的回答限制在特定范围内的提问方式，回答问题的选择范围较小。例如，让应答者在提问者提供的几个答案中进行选择，甚至要求应答者只回答“对”或“不对”、“是”或“不是”、“有”或“没有”等。封闭式提问较多地用于互通信息，如采集病史及获取其他诊断性信息等。例如，“您家里其他人有高血压吗？”“您昨天晚上睡眠好吗？”回答一般是“有”或“没有”、“好”或“不好”。再如，“您现在感觉哪个部位疼？”回答一般是“××部位。”封闭式提问的优点是应答者能直接坦率地做出回答，医护人员能在较短时间内快速获得所需信息；不足之处是回答问题的自由发挥空间小，限制了应答者的思路和自主表达，得不到充分表达自己想法和情感的机会。同时，提问者也难以得到提问范围以外的其他信息，因此不利于沟通的深入进行。

2. 开放式提问 是一种不限制回答范围，鼓励应答者表达其观点、想法和意见的提问方式。例如，“您快要做手术了，感觉怎么样？我们会尽力帮助您的。”开放式提问的优点是可鼓励和引导应答者开阔思路、敞开心扉，充分表达自己的感受，从而使得谈话气氛自然融洽，有利于谈话进一步深入；不足之处是容易偏离主题，占用较多时间。

（二）提问的技巧

善于提问能引导话题展开，将对方的思路引到交谈主题上，同时避免冷场。提问的技巧如下所示。

1. 把握时机 提问要认准对象、把握时机、分清场合。尊重他人习惯，不做不合时宜的事情。例如，忙时不问啰嗦事，公开不问私密事，喜时不问伤心事，怒时不问烦心事等。

2. 明确主题 提问要从能回答出发，按照时间、地点、人物、缘由、内容、解决办法等顺序明确主题，理清思路，引出丰富的信息，使谈话得以深入进行。同时，提问应符合对方职业、年龄和文化程度，要简单易懂，不要问得过深过偏，使得对方很难回答，这样就失去了提问的意义，达不到预期的目的。

3. 真诚友善 文明礼貌是社会交往必须遵循的一个原则。在交谈中要自始至终表现出浓厚的兴趣和真诚的态度。例如，真诚提问会得到诚实的回答，礼貌称呼能得到热情的欢迎，虚心请教将得到精心的教诲，从而促进交流向纵深发展。

二、回答的技巧

回答是对提问的反应，也是提问的目的所在，良好的应答是智慧与能力的综合反映。回答的技巧有以下几点。

（一）反应敏捷

应答者要具备良好的应变能力，及时领会提问者的意图，能审时度势，随机应变。

（二）把握主题

话题是有主题的，应答者要集中注意力认真倾听、善于思考，结合一些交谈的背景资料，把握谈话的中心思想，围绕话题核心做出应答。

（三）条理清晰

回答要把握重点、条理清晰、简洁明了，这是有效交流和沟通的基本要求。

实践训练 沟通技巧

主题：你的优点我来夸	地点：教室	时间：1 课时

目标：1. 学会发现他人的优点
2. 体验赞美他人和被他人赞美的感受
3. 灵活运用赞美技巧以达到良好的沟通效果

活动名称	活动流程	学生准备 物品准备	注意事项	时间分配
观看视频	播放经典赞美案例视频，并让大家找出技巧要点	收集经典赞美案例视频	让学生观察视频细节，注意找出赞美技巧	5 分钟
故事分享	5 位同学自愿分享赞美他人或者被他人赞美的感受	准备相关故事	每人分享时间不超过 3 分钟	15 分钟
分组展示	1. 将学生分成若干小组，每组 5 ～ 6 人 2. 每个同学依次坐在圆圈中，小组其他同学对其进行赞美 3. 把卡片交给被赞美的同学并大声说出他的优点	1. 推选两名主持人串场 2. 课前每位同学自制 2 ～ 3 个赞美卡片，用最精美的语言书写同学的优点	每人展示时间不超过 4 分钟	20 分钟
活动小结	1. 学生代表作点评 2. 评选出赞美之星			4 分钟
布置作业	总结参加本次活动时赞美他人及被他人赞美的感受，揣摩赞美的技巧			1 分钟

自测题

一、单选题

1. 对病情恶化感到焦虑的患者最需要的是（ ）
A. 赞美 B. 批评 C. 劝慰
D. 道歉 E. 拒绝

2. 用语言表达对人或事物优点的喜爱是（ ）
A. 赞美 B. 批评 C. 劝慰
D. 道歉 E. 倾听

3. 有效倾听的技巧不包括（ ）
A. 有明确的目的及控制干扰
B. 姿势投入 C. 适当的目光接触
D. 及时反馈 E. 始终注视对方的眼睛

4. 关于赞美的原则，下列哪种说法是错误的（ ）
A. 真诚热情 B. 明确具体 C. 曲意奉承
D. 适时 E. 适度

二、简答题

1. 简述劝慰的原则与技巧。
2. 封闭式提问与开放式提问分别有什么优缺点？

（肖 丹）

第6章
日常人际沟通

第1节　拜访与接待

案例　6-1

小王应邀中午十二点去他朋友家赴宴，他觉得上午没有什么事情要处理，于是上午十点左右就到朋友家了。

问题：1. 小王比约定时间提前2小时到朋友家合适吗？为什么？
　　2. 你认为小王什么时间到朋友家合适？

一、介绍与称呼

（一）介绍

考点
介绍的分类和原则

介，古代传递宾主之言的人。绍，绍继、接续。介绍指相继传话；为人引进或带入新的事物。介绍是人际交往中与他人进行沟通，增进了解，建立联系的一种最基本、最常规的方式。在人际交往活动中，介绍是人际关系的桥梁。介绍可以缩短人与人之间的距离，扩大交往范围，加快彼此熟悉和了解的速度，消除不必要的误会，为以后相互合作奠定基础。

1. 介绍的分类　根据介绍者的不同，即何人做介绍的不同，可将介绍分为两种基本类型：自我介绍和他人介绍。

（1）自我介绍：在必要的社交场合，由自己担任介绍的主角，把自己介绍给其他人，以使对方直截了当地认识自己，这就是自我介绍。在初次见面时应主动进行自我介绍，以使他人很快地认识自己，便于今后更好地开展工作。

自我介绍分为主动型自我介绍和被动型自我介绍。主动型自我介绍是指在社交活动中，想结识某人却无人引见时，自己将自己介绍给对方。被动型自我介绍是指应他人要求，将自己的部分情况告知他人。

（2）他人介绍：又称第三者介绍，指的是经第三者为彼此不相识的双方引见、相识的一种交际方式。此种介绍的前提条件是第三者对被介绍的双方都比较熟悉。介绍他人时，应该注意被介绍人双方的意愿性，如果双方结识的意愿不强，强行介绍会显得唐突，还会造成相反的结果。

集体介绍是他人介绍的一种特殊方式，指介绍者在为他人介绍时，被介绍者其中一方或者双方不止一人，甚至是许多人。

2. 介绍的原则

（1）介绍的顺序：通常情况下，在介绍的过程中要遵守“尊者在后”的原则。介绍的顺序见表 6-1。

表 6-1 介绍的顺序

先介绍	后介绍	备注
晚辈	长辈	
男士	女士	
职务低者	职务高者	
晚到者	早到者	
未婚者	已婚者	
家人	同事	
主人	客人	个人
规模小、级别低	规模大、级别高	集体

（2）介绍的姿势：介绍时要面含微笑，注视对方，眼随手走，身体前倾，施礼相识。为他人做介绍时，一般站于被介绍者的旁边，上身略倾向于被介绍者，伸出靠近被介绍者身体一侧的手臂，胳膊微向外伸，大小臂成弧形平举，手掌放平，手心向上，拇指与四指略分，四指自然合拢，面带微笑指向被介绍者，两眼平视介绍者。被介绍者应报以微笑、握手或致意等举动，以示礼貌。介绍到自己时，应改变身体姿态，如将坐姿改为站姿。若起立不便，可用点头致意或上身前倾致意等方式进行呼应。

链接 握手礼仪

握手礼仪遵循国际上通用的“尊者决定”的基本原则。一般来说，由女士、长者、上级、已婚者先伸手。握手时注意不要用力或双手久握异性的手，不用左手或同时与两人握手，握手时间一般为 3～5 秒，时间不可过长。

（3）介绍的方式：不同介绍类型用于不同的用途，介绍的内容也不同（表 6-2、表 6-3）。

表 6-2 自我介绍的方式

类型	用途	介绍内容	举例
应酬式	一般性的社交场合	姓名	“您好！我是李明。”
工作式	工作场合	姓名、单位、职务、具体工作等	“您好，我是王娜，我是您的责任护士。”
社交式	非正式场合，或私交时希望进一步交流	姓名、单位、学历、兴趣、人际关系等	“您好，我是王娜，现在在 ××× 医院 ×× 科工作，我和您的同事李明是同学，我们俩均毕业于 ××× 学校。”
问答式	应试、应聘或公务交往场合	回答对方提出的具体问题	问：“请做一下自我介绍。” 答：“您好，我叫王娜，汉族，河北人，毕业于 ××× 学校护理专业……”

表 6-3 介绍他人的方式

类型	用途	介绍内容	举例
标准式	正式场合	双方的姓名、单位、职务等	“我给两位介绍一下，这位是××学院的王院长，这位是××医院护理部的李主任。”
简介式	一般的社交场合	双方姓名或姓氏	“我给两位介绍一下，这位是小王，这位老李，你们互相认识一下。”
强调式	各种社交场合	除姓名外，强调其特殊关系，引起重视	“这位是我们科的李护士，这位是我同学小王，现在外科住院，请您多多关照。”
推荐式	较正式场合	推荐时，应将优点加以重点介绍	“李院长，您好，这位是×××女士，她是我省的护理教育专家，在全国享有较高的声誉。”

（二）称呼

考点 称呼的原则和常用称呼

称呼指的是人们在日常交往中所采用的彼此之间的称呼语。在人际交往中，选择正确、适当的称呼可以反映出一个人的教养、对对方尊敬的程度，甚至还体现着双方关系发展所达到的程度和社会风尚，因此不能随便乱用称呼。

1. 称呼在日常交际中的作用 得体的称呼能表示尊重，很好地传达出对别人的敬重和友善。另外，在不同的情况下，使用不同的称呼反映交往双方人际距离的不同。适当的人际距离不仅是礼貌修养的体现，也有助于在社交中加强自我安全保障。

2. 称呼的原则

（1）称呼要入乡随俗：称呼要符合民族、文化、传统和风俗习惯。例如，在中国，对父母是不能直接称呼其名的；而欧美国家，崇尚人与人之间的平等与个性，所以孩子叫爸妈的名字就很正常。

（2）称呼要讲究场合：不同的场合应使用不同的称呼，如在正式的场合就不适宜用昵称。

3. 常用的称呼

（1）生活中的称呼（表 6-4）

表 6-4 生活中的称呼

分类	用途与要求	举例
对亲属的称呼	对本人的亲属根据情况采取谦称	辈分或年龄高于自己的亲属，可在称呼前加“家”，如家父、家母
		辈分或年龄低于自己的亲属，可在称呼前加“舍”，如舍妹
		自己的子女，可在称呼前加“小”，如小女
	对他人的亲属采用敬称	对其长辈，需在称呼前加“尊”，如尊父
		对其平辈或晚辈，需在称呼前加“贤”，如贤侄
		对比自己辈分低年龄小的他人亲属，可直呼其名
对朋友的称呼	尊敬的称呼	对长辈称“您”
		对有身份、年纪长者称“先生”，可在前加姓氏，如李先生
		对教育界、文艺界人士可称“老师”
		对德高望重的年长者、资深者可称呼“公”或“老”，如王老、周公
	姓名称呼	对平辈的朋友，熟人，彼此之间可以姓名相称，如王娜
	亲近称呼	对邻居、患者等，可称“大娘”“大爷”，也可在前加姓氏，如王奶奶

（2）工作中的称呼（表 6-5）

表 6-5 工作中的称呼

分类	用途与要求	举例
职务性称呼	仅称职务	主任、院长
	在职务前面加上姓氏	周主任、李院长
	在职务前面加上姓名（非正式场合）	周丽主任、李明院长
职称性称呼	对具有职称者，在工作中可以直接称其职称，也可在职称前加姓氏或姓名	教授、周教授、李明教授
学衔性称呼	是指他人在专业上的成就，以学衔作为称呼可增加权威性，有利于增强现场的学术气氛	周丽博士、医学博士李明
行业性称呼	在工作中直接以被称呼人的职业作为称呼，以表示对对方职业、劳动技能的尊重	周老师、李医生
国际性通用称呼	国际上对任何成年人，均可以将男子称为“先生”	李先生
	已婚女子称为“太太”“夫人”或“女士”	周太太
	对未婚女子称为“小姐”	周小姐
	对不了解其婚否的女子可通称为“小姐”或“女士”	周女士

4. 不恰当的称呼

（1）替代性称呼：是指用其他语言符号来替代常规性称呼，如用病床号来称呼患者等。

（2）容易引起误会的称呼：因为习俗、关系、文化背景不同，有些称呼容易引起误会。

（3）不恰当的简称：简称有时是必要的，但如果不恰当就容易带来麻烦，如李处长称李处是可以的，但称王院长为王院就不合适了。

二、拜访与探望

（一）拜访礼仪

拜访指短时间看望，或指敬词，看望并谈话。在人际关系中，拜访是指亲自或派人到朋友家或有业务关系的单位去拜见访问某人的活动。人与人之间、社会组织之间、个人与单位之间都少不了拜访。拜访有事物性拜访、礼节性拜访和私人拜访三种，但不管哪种拜访，都应遵循一定的礼仪规范。

1. 到住所拜访的礼仪

（1）事先有约，择时造访：拜访他人，务必选好时机，预先约定，这是拜访活动的首要原则。当你决定去某人家拜访时，要主动与对方取得联系，说明来意，征得同意，不要做“不速之客”，如贸然前去，会让对方感到措手不及或诸多不便，甚至产生厌烦情绪，而且也可能使自己的计划落空，或处于尴尬境地。

到住所拜访，时间要选择恰当，除特殊情况外，一般不要太早或太晚，最好在下午或晚饭后。尽量避开主人吃饭与休息的时间。

（2）准时赴约，把控时间：宾主双方约定了会面的具体时间，作为访问者应履约守时如约而至。因故迟到，应向主人道歉；因故失约，应在事先诚恳而婉转地说明。同时要把控好谈话时间，总的原则是宜短不宜长。但有时也应根据主人家的具体情况，宜长则长，宜短则短。尤其是主人家有患者或者其他事情时，要及早结束谈话，主动告辞，免得主人下“逐客令”，陷入尴尬场面。

（3）敲门或按门铃：到主人家拜访，先要敲门或按门铃，待有回音或主人前来开门时，方可进入。不可冒昧推门撞入屋内，鲁莽行事。敲门动作要轻，并有节奏停顿；按门铃，按一下后稍候片刻，不可连续不断地按。门即便开着，也要询问后再进入。如开门者不认识，应询问：“×××在家吗？”对方应答并请你入内时，方可进入。如走错门，切记道歉。

图6-1 选择小礼品

（4）选择小礼品：初次登门拜访者，应酌情带点小礼物。拜访前，应对主人家的情况有所了解，如有无老人、小孩或者患者等。所带礼物要顾及主人家的需要，如是在重要的节日或者特殊的日子，可带些小礼品，以表心意。如是经常来往的人，则不需要带礼物（图6-1）。

（5）彬彬有礼，衣冠整洁：无论是到办公室还是到寓所拜访，一般都要坚持“客随主便”的原则。当主人请坐时，应道声“谢谢”，并按主人指定的座位入座。主人上茶时，要起身双手迎接并热情道谢。对后来的客人应起身相迎，必要时，应先主动告辞。为了对主人表示敬重之意，拜访做客要仪表端庄、衣着整洁。入室之前要在踏垫上擦净鞋底，不要把脏物带进主人家里。在主人家中要讲究卫生，尽量不要吸烟，保持主人的房间环境整洁，糖纸、果皮、果核应放在果皮盒内。

（6）举止文雅，谈吐得体：古人云：“入其家者避其讳。”人们常说，主雅客来勤；反之，客雅方受主欢迎。未经主人相邀，不要擅入主人卧室和书房，更不要在桌子上乱翻。做客的坐姿也要注意文雅。同主人谈话，态度要诚恳自然。交谈时，如有长辈在座，应用心听长辈谈话，不要随便插话或打断别人说话。

（7）惜时如金，适时告辞：告辞是拜访的最后环节，应注意按照约定好的时间告退。辞行要果断，不要“走了”说过几次，却口动身不移。辞行时要向其他客人道别，并感谢主人的热情款待，出门后应请主人就此留步，有意邀主人回访，可在同主人握别时提出邀请。如果路途较远或者晚上告辞，到家后应打个电话，告诉对方自己已平安到达。

2. 到办公室拜访的礼仪

（1）预约：拜访前要预约，并准时造访。

（2）敲门：进入办公室前，无论门是开还是关，都应先敲门，获得允许后方可进入。如果进门前办公室门是关着的，进去后应轻轻把门关上。

（3）问候：如果是初次见面，必须向对方问候（包括在场的每一个人），并做自我介绍，让对方明白来意。

（4）谢座：双方寒暄过后，对方让座，来访者应谢座，然后大方、稳重地坐定。入座时，尽量不要坐在其他办公人员的位置上，以免影响他人办公。

（5）时间：因为是办公时间，所以谈话需尽快切入主题，实话实说，实事实办，不说题外话。拜访时间不宜过长，一般应控制在 10 分钟左右，最多不要超过半小时。

（6）其他礼节：穿戴要庄重整洁，一般不宜携带礼品，不要随便翻看、动用办公室物品，告辞要有礼貌。

（二）探望礼仪

拜访是一门学问，看望患者更是一门艺术。当亲友、同事、同学患病时，前往探望、慰问是人之常情，也是一种礼节。但是，人们在看望患者时如果不注意礼仪细节，就会影响其他患者或所探望的患者的身心健康。所以，到医院探望患者也要注意相应的文明礼仪。

1. 基本礼仪　在去病房或住所探望患者时要注意日常的礼仪。例如，进门要先轻轻敲一下门，这不仅是为了让患者知道有人来，感到自己受到尊重，还因为有些患者需要穿衣或盖被。如果当时患者正在休息，可静静地等候一会儿。对患者来说，睡眠十分宝贵，如无特殊情况，不应随便惊动。可把带去的礼物交给患者的亲属或者医务人员，改日再去探望。如果去医院探病，要遵守医院的规章制度。进病房要注意安静，脚步尽量放轻，不要大声喧哗。进入病房以后，如果看到病床周围有瓶子、管子和固定架等医疗用品和器具，切莫大惊小怪；看到痰盂便桶、血迹脓水之类，不能躲躲闪闪，面露厌恶之感；看到患者消瘦憔悴、水肿、黄疸之类的病态，也不要愁眉苦脸，而应像平常一样亲切问候或握手致意。在此时对患者表示亲昵，常能传达一种语言所不能表达的情感。

2. 谈话礼仪　与患者谈话，态度要谦和温柔、亲切热情。由于有人到来，卧床患者可能会坐起来进行接待，这时应尽量劝其躺下。如果患者仍执意要爬起来，则应上前搀扶一把。对于病势较重的患者，探望中要注意控制住自己的感情，尽量不在患者面前流泪，以免加重患者的精神负担。

3. 时间礼仪　在探病时还要掌握好时间。逗留时间过短会使患者觉得你敷衍了事，但是时间太长又会使患者过分疲劳。因为大多数患者总是提起精神来接待来客的，往往等探望者一走，患者就会感觉十分疲倦，所以如果患者有更亲密的朋友或家属在场，探病者应早些结束探望，以免影响他们之间的谈话或者妨碍患者及其家属的休息。

三、接待与问候

（一）接待的礼仪

中华民族历来就是一个好客的民族。热情接待客人，使客人有宾至如归的感觉是我们的传统。只有当我们掌握了待客的礼仪，正确地运用待客礼仪时，才能更好地招待朋友，朋友才会越来越多。如果不注意待客礼节，就会使客人不悦，甚至因此而失去朋友。

1. 客人类型　在日常生活和工作中，经常要接待许多来访者，接待者要根据来访者的不同心态和性格特点，针对来访的意图，适当地给予解释、答复和处理。

（1）接待有一定文化知识和修养的人：在正常情况下，这类人态度谦和，讲话心平气静。要注意礼节，交谈时要准确用词，答复要求时要注意掌握分寸，不可把话讲得太绝对了，以免情况发生变化而被动。

（2）接待冲动型的人群：这类人属于急性子，喜怒哀乐均溢于言表，多数会感情用事，不讲究方式方法，言语可能激烈、尖刻、武断、极端，有时甚至挥拳跺脚，大发雷霆。但这类人大多“吃软不吃硬”，故应以柔克刚，先让座，倒杯水，让对方冷静下来，然后再进行交谈。一定要尽量避免矛盾激化和冲动，更不能拒之门外，不理不睬。

2. 接待的注意事项

（1）认真准备：有客人来访，只要是事先约定的，就应该做好迎客的各种准备。这些准备包括个人仪表、仪容的适当修饰；居室的整洁、温馨；招待客人的茶具和餐具干净卫生；准备茶饮、水果、干果和点心等。如果是客人不期而至，那么也应该尽快地整理房间和客厅，并对客人表示歉意。

（2）周到待客：周到热情是一种态度，是对客人来临的欢迎和尊重。迎客的具体地点和场合可以因人而异，对于重要的客人、远道而来的客人、初次来访又不熟悉周围环境的客人，要到机场、车站或社区门口迎候。如果是家中的常客，不用外出迎候，等客人按响门铃后开门相迎即可。

客人来临，寒暄是必要的，包括握手、互相问候、给家人介绍、热情让座等，并依照客人的喜好，由家庭主要成员端上饮品。主客之间的交谈应按照既定的主题谈话。如果没有既定的谈话内容，一般应以客人为主。客人感兴趣的、熟悉的可以多谈，客人没有兴趣的就少谈甚至不谈。

（3）礼貌送客：客人告辞时，家庭在场人员都应该起立微笑、亲切道别，让客人感到这个家里每个成员都是好客的。如果客人带了礼品上门，不能对客人的礼物无动于衷，应该表示谢意并回赠事先准备好的礼品。此外，送客的远近也应与客人的身份或者主人与客人关系的亲疏相吻合。有的送到家门口或电梯口即可；有的则要送到车站、码头、机场，然后握手道别，目送客人远去。

总之，无论是接待还是送别客人，都要使客人感到主人的热情、诚恳，并且有礼貌、有修养，使客人感到温暖、融洽，给客人留下良好的印象。

（二）问候的礼仪

问候，也就是问好、打招呼，就是在和别人相见时，以语言向对方致意的一种方式。在有必要问候的时候，要注意问候的次序、态度、内容。

1. 问候次序　如果同时遇到多人，特别是在正式会面的时候，宾主之间的问候要讲究一定的次序。一个人问候另外一个人时，通常是“位低者先问候”，即身份较低者或较年轻者首先问候身份较高者或年长者。一个人问候多人时，这时候既可以笼统地加以问候，如说“大家好”，也可以逐个加以问候。当一个人逐一问候许多人时，既可以由“尊”而“卑”、由长而幼地依次而行，也可以由近而远依次而行。

2. 问候态度　问候是敬意的一种表现，态度上应注意以下三个方面。

（1）要主动：问候别人，要积极、主动。当别人首先问候自己之后，要立即予以回应，不要不理不睬摆架子。

（2）要热情：问候别人的时候，通常要表现得热情、友好。毫无表情或者表情冷漠的问候不如不问候。

（3）要自然：问候别人时应用主动、热情的态度，必须表现得自然而大方。矫揉造作、神态夸张，或者扭扭捏捏，反而会给人留下虚情假意的不好印象。还要专注，面含笑意，以双目注视对方的两眼，以示口到、眼到、意到，专心致志。不要在问候对方的时候，眼睛已经看到别处，这会让对方不知所措。

3. 问候内容 有两种形式，各有不同的适用范围。

（1）直接式：就是直截了当地以问好作为主要问候方式。它适用于正式的公务交往，尤其是宾主双方初次相见时。

（2）间接式：所谓间接式问候，就是以某些约定俗成的问候语或者在当时条件下可以引起话题的方式来问候对方，主要适用于非正式、熟人之间的交往，如“忙什么呢？”“您去哪里？”等，可替代直接式问好。

第 2 节 电话沟通与互联网沟通

一、电话沟通的技巧

考点
电话沟通的技巧

图 6-2 电话沟通

在日常生活和交往中，电话已经成为人们不可或缺的通信工具（图 6-2）。实际上，电话礼仪是交谈礼仪的一种特殊情况，涉及拨打电话的礼仪和接听电话的礼仪。

（一）拨打电话的礼仪

1. 拨打电话时间要恰当 一般来说，打电话不应在晚上十点之后和早上六点之前，如果没有重要的事，节假日也不适宜给别人打电话。在国际交往中，欧美国家与我们国家存在时差，打电话就要注意应尽可能避开对方晚上休息的时间。注意：打电话时间不仅会影响沟通的效果，还能体现出一个人的修养。

2. 通话时间要控制 打电话不仅需要注意什么时间打电话，还要注意打多长时间。若无重要的事情，打电话的基本原则是长话短说、废话少说、没话别说。一般而言，打电话的整个时间不要多于 3 分钟，通常也称为通话 3 分钟原则。

3. 通话内容要规范 电话接通之后首先应问候对方“您好”，然后介绍自己的姓名、所属单位，说明打电话为何事。挂电话之前要有道别语。

4. 通话过程要文明 通话时态度表现要得体，语气应友善平和，不要咄咄逼人，打电话时说话的语速要适当放慢，说话的声音不宜过高。如果在通话的过程中电话掉线了，拨打者要主动拨过去并予以说明。

（二）接听电话的礼仪

1. 接听电话要及时 在电话礼仪中有一条“铃声不过三”原则，即接听电话以铃响三声左右拿起电话最适宜。特殊原因铃响过久才接电话时，须在通话前向来电者表示歉意。正常情况下，不应不接事先约定的电话。要尽可能亲自接听电话，不要随便让别人代劳。

2. 应答要得体 打电话要注意礼貌用语，接电话也要注意礼貌用语。通常个人接听时要自报姓名，如果是工作电话，在接听时要报单位名称或部门名称，而录音电话通常是报本机电话号码。

3. 必要时要记录　对于一些重要的电话，通常需要做必要的记录。记录时要明确是谁、什么单位、电话号码是什么、需不需要回复、需要什么时间回复、接听电话时间及通话内容的要点等。对于关键信息应在接听电话之后再向对方重复一下内容，以确保记录信息准确。

4. 挂电话要礼貌　当通话结束时，通常是地位高的人先挂机。即同上级、长辈通电话结束时，上级、长辈先挂机；客人来电话时，客人先挂机；两人地位完全相似时，主叫先挂机。

二、电话沟通的禁忌

（一）打电话切忌心不在焉，答非所问

打电话时要集中精神，紧跟话题，不可心不在焉，答非所问。否则对方会认为你无心交谈，从而失去继续交谈的兴趣。假如你情绪不佳或正在思考一个重要问题时，突然有人来电话，要在接听电话前稳定情绪，调整好心态，不能把自己的喜怒哀乐有意无意地传递给对方。如果你的不良心态一时难以改善，也应委婉地向对方解释清楚，或告知对方，“我现在有点急事，改日再谈可以吗？”

（二）打电话切忌声音僵硬或低沉

电话交谈时，声音是你唯一的使者，对方只能通过声音来理解话语、感受情感。经常打电话的人都能体会到：当你与他人通话时，往往能感觉到对方的喜怒哀乐，心态是否好。心情愉悦时，声音是欢快的；情绪不好时，语调则会是低沉的或者是生硬的。古人说过：“感人心者，莫先乎情。”可见富有激情的语言才能感人，才能与对方在思想上产生共鸣，故打电话时声音要适中，语气亲切和蔼，吐词清晰，富有情感，做到声情并茂。这样能给对方带来听觉上的美感享受，留下良好的印象，确保交谈在愉悦轻松的氛围中进行。

（三）把握时间

谁拨打电话，谁就是这次电话交谈的主要行为者。打电话都是有目的和原因的，打电话者讲话应委婉简洁、层次分明、条理清晰，要注意把控时间节奏。若内容太多，应先询问对方方便与否，不要废话连篇，浪费别人的时间。同时要让对方多发表意见，加强互动。否则，对方会分散注意力或不耐烦，让沟通效果大打折扣。

（四）随声应答

电话交谈与面对面交谈不同，双方看不见对方的表情，如果接听者一声不吭，拨打者就会不安，或者以为线路不通了，因此接听者应不时地随声应答，让对方感觉到你的反应，才能使谈话继续进行下去。随声应答时，最常用的用语就是“嗯”“是的”“有的”“行”“不行”等。

（五）礼貌用语

打电话反映一个人的涵养，其不仅关系到相互沟通的效果，还会影响事业的成败。我们在打电话时，无论是熟人还是陌生人，无论是接听电话还是拨打电话，都应礼貌用语，以情感人。

三、互联网沟通的模式与技巧

（一）移动通信沟通的技巧

随着通信技术的发展，手机的使用越来越普遍。使用手机除了要遵守固定电话使用时的礼仪外，还要注意移动通信礼仪。

1. 遵守公德　使用手机最重要的礼仪是不影响他人。

（1）控制音量，不要干扰周围的人。例如，上课、开会时，手机要调成振动或静音状态，必要时须关机。当与重要人物或长辈谈话时，不妨当面关机，以表示对对方的尊重。

（2）在工作岗位上，不能因自己使用手机而妨碍工作、妨碍他人。在病房，护士工作时间应自觉将手机调整到振动或静音状态。

（3）在正式场合，不宜当众使用手机。若确实需要使用手机，应暂时告退，另找一个僻静的地方通话。

2. 注意安全　在使用移动通信工具时，必须牢记安全至上的原则。

（1）不要在医院的急重症病房、手术室和油库等地方使用手机，以免手机发出的信号影响仪器的正常工作，或引发火灾、爆炸等。

（2）乘坐飞机时，如航空公司有关机要求，则必须自觉关闭手机，以免干扰电子信号，影响飞行安全。

（3）驾驶车辆时，不能边开车边接打手机、发短信或查看号码等，以防止发生交通事故。

3. 铃声合适　不恰当的铃声设置和彩铃也会使手机使用者失礼于人。

（二）电子邮件沟通的技巧

电子邮件又称电子信函，即通常所说的 E-mail，其在国际通信交流和大量信息交流中具有明显优势：快捷方便，安全保密，费用低廉，不受篇幅限制。在使用电子邮件时，应遵循以下规范。

1. 主题明确　主题是收件人了解邮件的第一信息，要简洁明了，不要空白。同时要让收件人对邮件内容一目了然，并判断其重要性。私人邮箱和公务邮箱主题栏的书写是有区别的。

私人邮箱主题栏为“内容 + 时间”的形式。

公务邮箱主题栏为“收件人姓名 + 内容 + 时间”的形式。

2. 内容完整

（1）开头礼貌：邮件开头对收件人要恰当称呼。如果对方有职务，应按职务尊称对方，如“李主任，您好！”如果不清楚对方职务，应按通常称呼，如“李先生，您好！”切记称呼对方全名是不礼貌的。

（2）主题明确：一封邮件尽可能只有一个主题，不在一封信内谈及多件事情。

（3）信息完整：一封邮件要尽量交代完整信息，不要数分钟发一封“补充”或“更正”之类的邮件。

（4）巧妙提示重要信息：运用加粗、斜体或彩色字体等手段对一些重要信息进行提示。

（5）合理运用表格、图片：利用表格或图片等形式进行辅助阐述，往往会收到良好效果。

（6）仔细检查：在发邮件前，一定要仔细阅读、检查行文是否通畅，避免错别字或漏字。

3. 结尾礼貌　邮件结尾要有祝福语并签名，如“祝您顺利！发件人：李娜”。

4. 附件说明　若邮件带有附件，应在正文里面提示收件人查看。附件数目不宜过多，超过一定数目时，应打包压缩成一个文件。

5. 重视反馈　每日定期查阅邮件，收到电子邮件时，应在最短的时间内给予回应，表示已经收到。还应定期重新审查所发送过的电子邮件，及时清理回复的内容。

（三）传真沟通的技巧

传真是一种非话电信业务，是将文字、图表、相片等记录在纸面上的静止图像通过扫描和光电变换变成电信号，经各类信道传送到目的地，在接收端通过系列逆变换过程，获得与发送原稿相似记录副本的通信方式。在发送传真的过程中应遵循以下礼仪规范。

1. 内容完整　正式的传真必须有首页，注明双方单位名称、人员姓名、日期、总页数等；非正式的传真也应该注明顺序编号，使接收者一目了然，避免遗漏。

2. 文明有礼　传真中应有必要的称呼、问候语、签字、敬语和致谢语等。信尾的签字尤其不能忽略，因为签字代表这封信是经发信者同意才发出的，否则任何人都可以轻易冒名发信件了。

3. 应使用白色或浅色信纸　用深色或信纸上有黑色或深色条纹的信纸发送传真时，不但会浪费扫描的时间，而且要付出更多的费用。

4. 与对方沟通　发送传真前应向对方通报一下，以免发错。收到传真后要尽快回复对方，使对方放心。

（四）微博沟通的技巧

微博是微型博客的简称，是一个基于用户关系的信息分享、传播及获取平台。用户可以通过 Web、WAP 及各种客户端组建个人社区，以 140 字左右的文字更新信息并实现即时分享。微博可分为两大市场：一类是定位于个人用户的微博，另一类是定位于企业客户的微博。使用微博要注意以下两点。

1. 注意品行修养　微博绝非是一个纯虚空间，它具有开放性，是群组互动的。微博上的一言一行能体现出博主的学识气质和品行修养。因此，发微博不能断章取义，转发时必须确保自己了解这件事情。评论时要了解原文，客观地发表自己的意见。

2. 礼貌言辞　发微博时要标明自己的身份，尊重他人，遵守“面对面”原则；不说脏话粗话；不分享有争议的政治和宗教信息；不使用免责声明；遵守国家法律，遵守社会公德；不发布、传播谣言等垃圾信息。

第 3 节　家庭沟通与朋辈沟通

一、家庭沟通的原则

（一）互相理解和尊重

提到“尊重”，常常会被误解为仅仅是晚辈对长辈的尊重，其实这是片面的。在家庭中，同辈之间、夫妻之间、兄弟姐妹之间都要互相尊重，就是长辈对晚辈也应该尊重。尽管尊重的方式不完全一样，但是每个人都有受到尊重的权利。

互相尊重，首先是对人格的尊重。每个人都有自己的自尊心，都有维护自己尊严的愿望和要求。即使在吵架的时候，也不能侮辱对方的人格。尤其是夫妻之间，绝不能随意训斥，拿对方的痛苦之处进行戏弄和取笑。其次要尊重对方的劳动。对别人的劳动，无论其成果大小，也无论何种形式，大家都要尊重。一是要对别人所付出的劳动予以充分的肯定，二是要对其劳动成果予以爱护。例如，别人刚刚把晒干的衣服叠好，你认为叠得不整齐，一生气扔得满床都是，这就是对别人的不尊重。

（二）互相支持和帮助

每个人在社会上都有自己的一份事业，从某种意义上说，这份事业要比家庭生活更为重要，因为它是人生的追求、精神的寄托，同时也是家庭生活的基础。一般情况下，一家人各有各的事业。尽管所从事的事业不一样，但只要对方的事业是正当的、健康的、合法的，都要给予必要的支持和力所能及的帮助。生活中常见有些夫妻不支持对方的事业，这会给其艰难的创业道路上又增加一重困难，因此是不应该的。双方都要把对方的事业看成是自己的事业，把对方的成功看成是自己的成功。

（三）互相关心和爱护

所谓的互相关心，就是互相之间常把对方及对方的事情放在心上。要时时处处为对方着想，要千方百计照顾对方的利益，不应该只顾自己而对别人不闻不问。对别人的关心包括物质生活的关心，也包括精神生活的关心。有时精神生活的关心更为重要，一句问寒问暖的话，在特定的情境中会起到事半功倍的效果。

互相爱护就是要互相疼爱并加以保护，使之不受任何侵害。爱护既包括对身体的爱护，也包括对心灵和情感的爱护。家庭中的成年人应对弱小者多承担一些爱护的责任。

（四）互相学习和趋近

每个人都有自己的特长，也有自己的不足，所以要经常不断地取别人之长、补自己之短。家庭内部的特殊关系及经常生活在一起的便利条件为互相学习提供了方便。若双方是同行，可以互相学习，若双方不是同行，也一样可以互相学习，尤其是提倡长辈向晚辈学习。通过互相学习，可以使家庭成员在各个方面都互相趋近，使家庭关系更加和睦。

二、与长辈沟通的技巧

和长辈生活在一起，要注意和他们沟通的技巧。在生活中可以花更多的时间与长辈一起做他们喜欢的事情，这样不仅可以拉近彼此之间的距离，还可以增进彼此之间的理解。

（一）创造良好的沟通氛围

在日常生活中，面对长辈时要有细心、爱心、耐心，不能不耐烦或者低头玩手机；否则，这样不仅会影响长辈对你的评价，还会产生一些隔阂或误会。在与长辈聊天时，应尽量做到内心平静，不要太激动，不要有厌烦情绪。

（二）尊重长辈

长辈和年轻人之间必然会有代沟，两者在思想观念、生活习惯或做事方式上存在差异，因此容易出现矛盾和代沟。年轻人在生活中面对长辈提出的一些要求和想法，不要马上反驳或对抗，否则很容易伤害彼此之间的感情，甚至引起争吵。

（三）走进长辈的世界

人与人之间最重要的是精神上的沟通。对于长辈而言，他们往往更关心年轻一代是否孝顺、是否体贴，因此应在生活中多花时间陪伴长辈，如陪他们下棋、散步等。

（四）学会包容

在日常生活中，大部分长辈比较保守，他们不可避免地有一些缺点或不足，如爱唠叨、不讲卫生等。如果年轻一代此时不顾长辈的脸面直接批评或指责，很容易让长辈生气和尴尬。因此，年轻一代心胸要开阔一点，不要斤斤计较。

（五）尝试让长辈接受新事物

长辈和年轻人沟通困难的根本原因之一是他们之间没有共同的语言。由于缺乏对新事物的理解，一些长辈以变老为借口，盲目否定或拒绝接受新事物。晚辈在生活中应适当劝服长辈，或通过一些方法让长辈认识到新事物对生活的益处，如网上购物、网络视频等。

（六）学会夸奖老人

在日常生活中，没有人会不喜欢听别人的赞美和好话，因此在生活中应该适当地说一些甜言蜜语来赢得长辈的欢心，如“您说得太对了”“我真的很佩服您”等，不仅能哄长辈开心，还能给长辈留下好印象。

（七）证明你的能力

在长辈的眼里，无论你多少岁、长多高，你永远是一个被他们关爱和保护的孩子。当你遇到困难时，他们会伸出援助之手；当你感到困惑时，他们会协助你做决定。这是他们对你的爱，也是一种甜蜜的负担。因为他们的过度保护，让你没有勇气面对困难和自主做出选择。年轻一代应该采取一些措施，让长辈意识到你已经长大了，如分担家务和承担长辈的赡养费用等。

三、朋辈沟通技巧

在和朋友交往的过程中，常见的问题就是面对分歧时如何在维持双方关系的基础上解决问题。正确的方法是既不能一味地妥协，也不能过分地把自己的想法灌输给他人。正确的朋辈人际沟通技巧有以下六个方面。

（一）尊重他人

尊重他人及其想法。“你的立场取决于你所处的位置”，心理学家发现，人们对每件事的观点和看法都与其性格特征等保持一致。即使是生活中极为亲密的两个人，他们所观察到的、注意到的、甚至记住的事情都不一样。沟通的目的是解决问题，无论对对方的观点多么不认同，也要尊重对方及其想法，并与其共同探讨思想，解决分歧。

（二）欣赏他人

懂得欣赏他人。成功的社交是让对方开心，进而融洽地达到双方的目的，而不是把对方驳得体无完肤。交流时应该多鼓励对方，懂得欣赏对方。发现问题时尽量不要直接批评。抱怨、攻击和过多的批评是沟通的“杀手”，只会使事情恶化，不会达到成功社交的目的。

（三）理性沟通

理性沟通情感是人际沟通中的一把双刃剑。一方面，情感作为人与人之间关系的润滑剂，能够帮助人们了解自己和别人；另一方面，一旦人的任何激动情绪控制了自己的行为，就会失去理智，进而破坏自己解决问题的能力。因此，在沟通中要学会把控自己的情感，做到理性沟通。

（四）换位思考

换位思考有助于促使谈话双方的意见达成一致。当人们希望改善与他人的关系时，通常会要求对方做出改变。如果能先从自身出发，思考可以通过自身改善关系的方式和方法，效果会更好。有时，即使用理性的态度与他人沟通，也无法避免产生误会，其根本原因在于有些问题没有固定的答案，看问题的角度不同，得到的结果也不同，若能理解对方的观点兴趣和价值所在，则更有助于双方达成有效沟通。

（五）善于倾听

沟通并不是要求一定要认可对方的意见或一方放弃决定权，而是通过充分交流，了解对方的想法和产生这种想法的原因。若想了解对方的想法，首先要做到善于倾听。只有认真听彼此述说，了解彼此需求后，才能做出最合理的判断和决定。

（六）说服而非压服

通过说服他人达成的协议容易得到贯彻。反之，通过强制手段压服他人取得的一致意见很容易被推翻。强制手段会破坏双方的关系，也许有时会占据上风，但这却破坏了彼此之间已经建立起来的真诚理解和相互信任。

学会日常生活中的人际沟通是人们生存和发展的迫切需要，若想在社会中有所作为，懂得沟通是最基本的条件。社交场合中人际沟通的技巧数不胜数，最核心的问题是交谈双方能否将发生的问题放在同一水平中进行讨论，以保证沟通结果的公平，从而达到有效沟通的目的。

实践训练 日常人际沟通

主题：日常人际沟通的运用		地点：教室	时间：2 课时	
目标：1. 规范日常人际沟通行为 2. 体验不同情境下的人际沟通 3. 能够在日常人际交往中正确使用人际沟通的各种技巧				
活动名称	活动流程	学生准备 物品准备	注意事项	时间分配
观看视频	播放日常人际沟通技巧演示的视频，并让大家找出技巧要点	搜索拜访与接待、电话沟通、互联网沟通等情境的视频	让学生观察视频细节，注意发现问题	20 分钟
分组展示	1. 将学生分成若干小组，每组 5 ～ 6 人 2. 每组分别演示日常沟通的情境	推选两名主持人串场 按需准备物品	每组展示时间不超过 5 分钟	40 分钟
技能收获	1. 学生点评其他组展示 2. 教师讲解常见问题、日常人际沟通的要求和注意事项	示范并录像	请学生认真记录并总结	20 分钟
活动小结	总结本次实践活动的表现，开展组际交流			10 分钟

自测题

一、单选题

1. “爷爷，你的歌唱得都跑调了”，这句话不符合使用赞美词的哪项基本要求（　　）
   A. 诚恳热情　　B. 真实恰当
   C. 明确具体　　D. 夸赞奉承
   E. 直截了当
2. 一般打电话的时间应把握在（　　）
   A. 15 分钟左右　　B. 10 分钟左右
   C. 5 分钟左右　　D. 3 分钟左右
   E. 1 分钟左右
3. 接听电话时，一般情况下最好不要让铃声超过（　　）
   A. 两声　　B. 三声
   C. 四声　　D. 五声
   E. 六声
4. 到住所拜访最好是（　　）
   A. 上午、晚饭后　　B. 中午、晚饭后
   C. 下午、晚饭后　　D. 上午、下午
   E. 中午、晚饭后
5. 到办公室拜访的最佳时长是（　　）
   A. 随意　　B. 半小时
   C. 1 小时　　D. 10 分钟
   E. 20 分钟

二、简答题

1. 在接听或拨打电话时，应注意哪些礼仪？
2. 拜访的礼仪有哪些？

（郑春贵）

第 7 章

职场人际沟通

第 1 节 求 职 沟 通

案例 7-1

有个年轻人想请父亲的朋友帮他找工作。

老伯问他："你最擅长什么，想找什么样的工作？"年轻人胆怯地说："我也不知自己能做什么，但我决心从现在开始努力，要学到一样本领。"老伯说："没有一技之长很难找到工作，你先把地址写下来吧，我帮你留意一下看有没有合适的工作。"

老伯看见年轻人写的字，突然惊喜地说："年轻人，我发现你有一样长处，你的字就写得很好啊！可以把这个长处当成找工作的方向。"不久，老伯帮他找到了一份誊写剧本的工作。他的字迹工整、清晰，一目了然，赢得了大家的称赞。后来，他也悟出了一些写剧本的门道，尝试着自己写剧本，从此走向了文学创作之路，并最终成为轰动世界的一代文豪。这个年轻人就是法国作家大仲马。

问题：1. 如果你是大仲马，你会做好哪些准备再去找工作？

2. 大仲马是如何求职成功的？

一、求职沟通的原则

考点
求职沟通的原则

求职沟通是指在求职的过程中，实现和用人单位的双向沟通的过程。在这个过程中，既要了解企业所需要的人才特性，也要让用人单位了解到自身的优势，从而达到双赢的目的。在求职过程中，能够让自己展示沟通才能的面试是最关键的，所以把握面试机会是求职沟通的关键。

沟通一定是双向的，使双方达成共同的意愿，才能实现双赢。求职沟通中遵守沟通原则会达到事半功倍的效果，否则会适得其反，使沟通不欢而散，得不到录用。所以在求职沟通中要坚持以下几个原则。

（一）求职沟通准备

机会总是给有准备的人。求职者应该对所应聘单位的主要情况、岗位要求、自己的能力和优点、面试官的常见问题等有所准备，这样才能够做到有效沟通。切记说话不能像背台词一样不自然。

（二）认真倾听

面试官提出某一问题时，应聘者要认真倾听，不要打断或插话，更不要评论。要听清楚对方的观点，必要时记录一下要点。在对方讲完时，可以口述核对，得到对方认可后，阐述自己的观点和看法。这样会使对方感觉到你是尊重他的，沟通的气氛会更融洽。

（三）注意细节

细节反映了一个人的教养和素质。例如，敲门、握手、坐姿、送材料的方式、告别方式等都可以体现一个人的素质。在别的条件同等的情况下，细节是决定成败的因素。

（四）适度恭维

为人处世要诚实守信，但是针对面试官的一些问题，求职者应当采取一定的谈话技巧。因为面试官毕竟是人，是人就会有弱点。每个人都有爱听好话的弱点，面试官也是。因此，我们要说面试官喜欢听的话，打动面试官的心，才能赢得他们的好感。

例如，面试官问："你为什么要辞去之前的工作？"按照诚实原则，应当回答："我跟领导合不来。"这样的回答，会让面试官认为你是一个不合群的人。正确的回答方向是不要提及之前的单位和领导的任何缺点，可以找一个其他方面的理由，如单位太远、上下班不方便等，也可说以前的那家单位发展空间有限，希望寻求更大的发展平台，发挥自己的价值。

二、求职书面语言表达

考点
求职书面语言表达

求职书面语言是求职者与面试官之间的人际沟通工具，主要包括自荐信和求职简历。求职者的自荐信和求职简历以个人的学习经历及成绩、实践经验、特长、兴趣爱好等情况为内容，以向面试官表明自己拥有特定工作需要的态度、能力和资质为目的。

求职者的自荐信和求职简历是求职的"敲门砖"，是求职者与用人单位接触的重要途径，是求职者个人信息的集中体现。用人单位要从中获取求职者的信息，判断求职者的能力和水平。所以，求职书面语言表达要准确全面地反映出求职者的自然状况、专业水平、能力结构和综合素质，从而为成功就业奠定基础。

（一）自荐信

自荐信是表达信息并影响招聘人员招聘行为的书面语言。自荐信是求职者写给用人单位的信，目的是引起用人单位的兴趣，让对方了解自己、相信自己并录用自己，它是一种私人对公并有求于公的信函。它具有如下特征。

1. 开门见山　由于求职语言是一种特殊的公关语言，目的性强，而求职应聘者人数众多，因此，自荐信要开门见山，开始就阐明自己的求职目的和求职目标，紧接着围绕求职目的进行论述，而不能漫无边际，夸夸其谈，否则看了半天，别人还不知道你究竟想干什么。

例如，我是一名于2020年7月毕业的专科毕业生，我的专业是护理学，我的求职目标是到贵医院当一名合格的男护士，我的职业理想是做一名合格的白衣天使。

2. 使用陈述句　求职信主要用于向用人单位相关部门负责人或面试官进行自我介绍、自我推荐，主要靠事实说话。事实胜于雄辩。求职者必须摆事实、讲道理，从各方面向面试官展示自己，推销自己，要写清"我是谁、我干过什么、我想干什么、我能干什么"。

例如，我积极参加社会实践，担任过编辑、记者，有着较强的写作能力和管理能力，我相信我能在今后的工作实践中做得更好（何时何地参加过什么样的社会实践，效果如何；何时何地在何刊物担任过编辑、记者，应该提供充分的证据，这样才能证明自己有较强的写作能力、管理能力）。

又如，在校期间，我一直从事与宣传有关的工作，曾担任学生会宣传部干事、副部长、部长，书画协会副会长等，三年的美术学习使我具备较高的素描、色彩、工艺设计能力和美术鉴赏能力。

3. 不使用模糊语言 求职信要用精准的数字、较为肯定的语言说话，一般不使用模糊语言，如“几乎”“大概”“好像”“可能”“差不多”“几次”等。例如，在工作方面，我一直担任学生干部，在担任体育部副部长期间，组织和参与了包括校运会在内的各项学校体育活动，策划了我校田径协会的成立，并担任秘书长，多次成功组织了有影响的社团活动。

4. 把握层次，突出重点。

（1）第一层次：描述你在校期间的情况、实习和社会实践情况。

（2）第二层次：介绍你的思想、情感和需要，但只涉及过去或将来，如你所持有的信念或主张、你对未来的希望等。

（3）第三层次：描述你对谈话对象的感受。例如，招聘单位哪方面吸引你，表达你对这次面试的期望。

在把握好表达层次的同时，还要注意主次分明。重点问题，重点表达，加重语言表达的分量，如能力、特长等。

5. 正确使用礼貌语言 英国著名学者利奇的礼貌原则之得体准则指出：减少表达有损于他人的观点，尽量少让别人吃亏，尽量多让对方受益。因此，在自我介绍过程中，要尽量运用尊称、敬称，多使面试官受益，使面试官感到身心愉快而又恰到好处。

一般而言，使用下列称呼语较为得体，可以以职务相称，如“尊敬的 ××× 校长，您好！”“尊敬的 ××× 经理，您好！”“尊敬的 ××× 处长，您好！”等；也可以泛称领导、老师，如“尊敬的各位领导，你们好！”“尊敬的各位老师，你们好！”等。

6. 不能过分炫耀自己 自荐信是一个展示自己优势的平台，主要作用就是把自己优秀的一面展示出来。但是能力的优秀并不意味着自我介绍的语句需要过分华丽的辞藻，不要过分炫耀自己。例如，“现在，我具备了扎实的专业知识，丰富的临床实践经验”“本人人际沟通能力强，可以担当工作中的领头人”“本人组织能力极佳”等。又如，“本人性格开朗、谦虚，拥有较好的专业知识和丰富的工作经验”。应届毕业生，尚未踏入社会，丰富的工作经验从何而来？因此这样说不太符合实际。

（二）求职简历

一般而言，求职简历有三种形式：表格式、时间顺序式、学习工作经历式。表格式是用表格的形式列出自己的基本情况和学习、工作的经历，使人一目了然；时间顺序式是按年月顺序，列出自己的学习、工作经历，条理清楚；学习工作经历式是根据需要有选择地列出自己的学习、工作经历，充分表现自己的技能和特长。

求职简历一般由以下 7 部分组成。

1. 个人基本信息 主要有姓名、性别、出生日期、民族、婚姻状况、联系方式、毕业学校、专业和学历等。

2. 求职意向　表明自己愿意从事的职业和可以胜任的工作。

3. 教育背景　按时间顺序列举大学期间的主要课程、研究项目，以及个人进修或培训的单位、专业和时间。

4. 实习、工作经历　适当介绍单位情况，按时间顺序简述工作期间的部门工作职务、岗位职责及离任时间，突出取得的成绩和收获，从工作中学到的技能和素质等。写作技巧有如下几点。

（1）描述工作的目标、内容，所扮演的角色，工作业绩等。

（2）工作业绩要用数字来体现，不要使用“大约”“大概”等模糊性的词语。

（3）尝试用相关的专业术语来描述工作内容。例如，在药业公司收钱和记账，可以写成“负责现金收支项目的管理与账目申报工作”。

5. 实践经历　有的同学在校期间有丰富的实践经历，如参加学生会、团委和学生社团，在班里担任学生干部，参加支教、“三下乡”等社会实践，参加各种形式的比赛等。描述实践经历的方法与描述实习工作经历相似。

例如，2018 年 5 月组织“某学校第一届五子棋大赛”，在某高校“弘扬传统文化”活动评比中，被该高校团委评为“优秀组织者”。活动期间主要负责的工作如下：①负责宣传本次活动的主题。②负责组织本次活动的主题座谈会，扩大活动影响。③负责撰写宣传稿件，联系学校团委，通过网站和微信公众号广泛宣传。④负责活动分析和总结，制订下一届比赛的活动方案。

6. 所获荣誉　可以选择你认为较突出、较重要的荣誉写，不能弄虚作假。例如，可写“在 ×× 学年获得 ×× 级别的奖学金、三好学生、优秀学生、优秀学生干部”等。

如果荣誉比较多，可以按照性质或级别，分类描述。最好能把比较有分量的奖励的难度以数字或获奖范围来表示，这样可以突出奖项的含金量。

7. 其他　一般不要罗列太多个人兴趣爱好，不能只写“音乐、读书、运动”等模糊性的词汇。最好写能够体现你的某种素质和能力的兴趣爱好，如篮球（能体现团队协作精神）、棋类运动（能体现你思维缜密、逻辑性强、具有战略意识）、演讲和辩论（能反映人的沟通和表达能力）。

表 7-1 是一份简单明了的表格式简历。

表 7-1　表格式简历范例

<table>
<tr><td>姓名</td><td></td><td>性别</td><td></td><td>籍贯</td><td></td><td rowspan="4"></td></tr>
<tr><td>出生年月</td><td></td><td>民族</td><td></td><td>健康状况</td><td></td></tr>
<tr><td>毕业院校</td><td colspan="3"></td><td>学历</td><td></td></tr>
<tr><td>专业</td><td></td><td>培养方式</td><td></td><td>政治面貌</td><td></td></tr>
<tr><td>外语水平</td><td></td><td>计算机水平</td><td></td><td>邮箱</td><td colspan="2"></td></tr>
<tr><td rowspan="2">联系方式</td><td>手机</td><td colspan="2"></td><td>固定电话</td><td colspan="2"></td></tr>
<tr><td>地址</td><td colspan="5"></td></tr>
<tr><td>所修课程</td><td colspan="6"></td></tr>
<tr><td>个人爱好</td><td colspan="6"></td></tr>
<tr><td>实习工作经历</td><td colspan="6"></td></tr>
<tr><td>曾受过的奖励</td><td colspan="6"></td></tr>
<tr><td>求职意向</td><td colspan="6"></td></tr>
<tr><td>自我评价</td><td colspan="6"></td></tr>
</table>

（三）相关证书

求职书面语言表达除了准备好自荐信和个人简历外，还要针对求职时用人单位对岗位的要求，准备一些必要的证书，一般包括毕业证书、职业资格证书、获奖证书、成绩单、发表的文章或有分量的报告、学校的就业推荐表等。

三、求职面试技巧

考点 求职面试技巧

面试是用人单位精心策划的、综合考察应聘者综合素质和职业能力的招聘活动。面试是以用人单位面试官对应聘者面对面交谈与观察为主要手段，由表及里地测评考生的仪表、性格、知识水平、职业技能与素质、职业经验等有关情况的招聘活动。

（一）面试的种类

1. 非结构化面试 亦称“随机面试”。所问问题不需遵循事先安排好的规则和框架，面试官可以任意地与应聘者讨论各种话题，或根据不同面试者提出不同问题。

非结构化面试的优点是过程自然，面试官可以全面了解应聘者情况，应聘者也感觉更随意和放松，更易敞开心扉；缺点是由于结构化和标准化程度低，可比性不强，影响面试的信度和效度。

2. 结构化面试 是根据特定职位的胜任特征要求，遵循固定的程序，采用专门的题库、评价标准和评价方法，通过面试官与应聘者面对面的言语交流等方式，评价应聘者是否符合招聘岗位要求的人才测评方法。结构化面试包含内容、形式、程序、评分标准及结果的合成与分析等构成要素，应按照统一制定的标准和要求进行面试。

结构化面试是公务员招录、事业单位招聘、干部遴选中普遍采用的面试方式。结构化面试常见题型主要有综合分析能力题、压力应变能力题、组织管理协调能力题和人际沟通合作题等。

3. 半结构化面试 是指面试构成要素中有的内容作统一的要求，有的内容则不作统一的要求，也就是在预先设计好的试题（结构化面试）的基础上，面试官向应聘者又提出一些随机性的试题，半结构化面试是介于非结构化面试和结构化面试之间的一种面试形式。

4. 无领导小组面试 无领导小组讨论是指由一组应聘者组成一个临时工作小组，讨论给定的问题，并做出决策。这个小组是临时拼凑的，并不指定谁是负责人，目的就在于考察应聘者的表现。

无领导小组面试是由 6 ～ 12 名应聘者组成一个小组，对面试官所给题目进行讨论并最终达成一致的一种面试形式。其基本组织流程如下所示。

（1）提纲准备阶段：面试官宣布开始后，每个应聘者拿到讨论的题目并有短暂的时间进行独立阅读和思考，然后列出发言提纲。

（2）个人陈述阶段：应聘者可以自由安排发言次序或者按照抽签顺序依次发言，每人发言时间一般为 3 ～ 5 分钟。面试官不参加讨论或回答应聘者的问题，以免给应聘者暗示。

（3）自由讨论阶段：所有应聘者发言结束后，进入自由讨论环节，应聘者就讨论材料展开自由讨论。发言的方式、次序和次数等由应聘者自行决定。面试官不干预讨论过程，只观察并对照评分表中所列条目仔细考查应聘者在讨论中的表现，并进行记录。

（4）总结陈词阶段：面试官宣布时间到，请应聘者停止讨论。当应聘者讨论达到预定的时间时，不论讨论到了哪一个阶段，都应立即停止。自由讨论结束后，应聘者推荐或自荐一名代表向面试官简要汇报整个讨论的过程及讨论所取得的结果。

5. 情景面试　又称为情景模拟面试。在情景面试中，面试官给定一个情景，看应聘者在特定的情景中是如何反应的。

6. 问卷面试　就是运用问卷形式，将所要考查的问题列举出来，由面试官根据应聘者面试中的行为表现对其特征进行评定，并使其量化。此面试方法的优点在于把定性考评与定量考评相结合，具有可操作性和准确性，避免了凭感觉、模糊地主观评价的缺陷与不足。

（二）面试的准备

1. 充分的心理准备　面试过程在测试应聘者能力的同时，也在测试其心理素质和临场应变能力。因此，要想成功，首先要对自己充满信心，经过在校学习、单位实习，人生的经历已经非常丰富，要相信自己，也要让用人单位看到，拥有你将是用人单位的一笔财富。

2. 充分了解应聘单位　面试前，应通过网络、朋友等了解用人单位的性质和所属行业、行业经典故事和焦点事件，单位的历史、文化、近年的发展情况和前景、应聘岗位职务所需的专业知识和技能。面试时，用人单位一般都会问应聘者对自己单位的了解程度，如果准备充分，能够较好地体现应聘者的诚意，说明应聘者是认真研究过的，对应聘岗位有着较高的热情。

毕业生在求职时，应学会揣摩用人单位的求才心理，做到有的放矢地去求职。从心理学角度分析，目前社会上用人单位招聘人才有以下常见的用人心理。

（1）求“专”心理：专业对口是用人单位录用人才的首要标准，所以毕业生求职要突出自己对这门专业掌握的精深。

（2）求“全”心理：毕业生一专多能、多专多能是用人单位的重要标准。证多不压人，在求职时，毕业生应突出各种证书的地位和作用，以体现自己知识面宽广、自学能力强，满足用人单位求全的心理。

（3）求“通”心理：某一专业相当精通，又能在相关领域大显身手的人，是目前职业市场上最抢眼的、也是最抢手的人才。

（4）求“变”心理：求变是指用人单位面对瞬息万变的社会对人才所做出的要求。要求求职者心理素质好，应变能力强，对于不断变化的情况能及时调整心态积极应变。

3. 充分了解自己　面试前要对自己的性格、能力、特长、兴趣、爱好、优缺点、人生目标和求职目标等有清醒认识。回答问题时，要使自己的能力与工作要求相适应。准备好与应聘岗位相关的专业知识、业务技能等，准备好求职材料，如自荐信、个人简历、相关证明材料或作品，供用人单位查阅参考。

应届毕业生不要对工作的期望值过高，不要对一些基层的工作不屑一顾，不要盲目地追求一些脱离自身实际的福利好、工资高的理想工作。

4. 模拟面试　面试前通过角色模拟，反复斟酌可能遇到的问题，这样有助于认清自己真正的想法，也有利于在面试的现场清晰地自我表达。

（三）面试技巧

1. 自我介绍 这是面试的必考题目，一般用时 3 分钟左右。介绍的内容要与个人简历一致，表述时尽量口语化，与所求职位无关的内容不要提，思路清晰，重点突出，这样才能使面试官对自己产生好感。务必写好文字稿并背熟。

2. 谈谈自己的缺点 不能说自己没缺点，不要把那些明显的优点说成缺点，不能说出严重影响所求职位的缺点，不能说出令人不放心、不舒服的缺点，可以说一些表面上看是缺点，从工作的角度看却是优点的缺点。

3. 谈谈自己的家庭 强调父母对自己教育的重视和自己在家庭中承担的责任，要强调温馨和睦的家庭氛围和家庭成员对自己工作的支持。

4. 谈谈工作经验 用人单位对应届毕业生提出这个问题，说明用人单位并不真正在乎“工作经验”。可以这样回答：“作为应届毕业生，在工作经验方面的确会有所欠缺，因此在读书期间我一直利用各种机会在这个行业里做兼职。同时我也发现，实际工作远比书本知识丰富、复杂。但我有较强的责任心、适应能力和学习能力，也很勤奋，经常请教别人，所以在兼职中均能圆满完成各项工作。请贵公司放心，学校所学及兼职的工作经验使我一定能胜任这个职位。”

（四）面试硬伤

1. 与面试官“套近乎” 面试中双方关系过于随便或过于紧张都会影响面试官的评判。“套近乎”会在客观上妨碍应聘者在面试时间内做好专业知识与技能的陈述。聪明的应聘者可以列举一至两件有理有据的事情来赞扬招聘单位，从而表现出您对这家公司的兴趣。

2. 假扮完美 面试官常常会问：“您性格上有什么弱点？”有人会毫不犹豫地回答：“没有。”其实这种回答是对自己不负责任的。不会有人没有弱点，也不会有人没有受过挫折。只有充分地认识到自己的弱点，也只有正确地认识自己所受的挫折，才能造就真正成熟的人格。

3. 职业生涯规划模糊 对个人的职业生涯计划，很多人只有目标，没有思路。例如，当问及“您未来 5 年的职业生涯发展计划如何”时，很多人只是回答一个目标，应聘者应该明白：任何一个具体的职业发展目标都离不开自己目前的专业知识与技能水平，以及为胜任职业目标所拟定的技能发展计划。

第 2 节 团队沟通

案例 7-2

每当秋冬季节，大雁就从西伯利亚一带飞到我国的南方过冬。次年春天，再回到西伯利亚繁殖。持续 1 个多月的迁徙过程，大雁以 68 ～ 90km/h 的速度飞行，虽历尽千辛万苦，但从不失信。

在迁徙的过程中，大雁的飞行方式充分展示了团队精神。飞行时，它们排成“一”

字形或“人”字形，后面的大雁可以利用前面同伴拍打翅膀产生的上升气流，这样飞得更快、更省力。有经验的老雁飞在前面，年幼和体弱的插在队伍的中间，这样有利于防御敌害。带队的大雁体力消耗得厉害时，就与别的大雁交换位置。大雁在转弯或换队形的时候，通过鸣叫传递信息，沟通的顺畅保证了大雁团队的顺利协作。

团队中的沟通也是如此，有效沟通是提升效率的有效途径。

问题：1. 雁群为什么总排成“一”字形或“人”字形队伍飞行呢？
2. 在雁群转弯或换队形时，鸣叫可以传递哪些信息？

一、团队沟通的概念和特点

（一）团队沟通的概念

考点
团队沟通的概念和特点

团队是指两个或两个以上的人，为了既定的共同目标，利用个人的知识和技能，协同工作，共同承担责任和解决问题的群体。团队成员要具备团队精神，这就要求团队分工合理，将每个成员放在适合的位置上，能够调动团队成员的智慧、力量、经验等资源，使其能够最大限度地发挥自己的才能，为实现团队的共同目标而奋斗。

世界上所有的管理工作都是借助沟通才得以顺利进行，可以说，沟通是管理的核心和灵魂。没有沟通，就没有良好的人际关系，没有沟通，管理就是镜中花、水中月。

沟通是为了一个既定的目标，通过一定的方式和技巧，把信息、思想和情感在个人或群体间传递，并且达成一致的过程。

康青在其《管理沟通教程》一书中解释道，“团队”是指按照一定的目的，由两个或两个以上的雇员组成的工作小组。在这种工作小组内部发生的所有形式的沟通，即为团队沟通。他认为，现代管理越来越强调柔性管理，如果团队领导采用民主型的领导风格，则无疑会使团队沟通更加有效。简而言之，团队沟通即为工作小组内部发生的所有形式的沟通。

面对社会分工的日益细化、技术及管理的日益复杂，很多企业之所以发展势头强劲，具有强大的竞争力，其根源不在于个人能力的卓越，而在于其员工整体“团队合力”的强大，团队自身要想高效率地运作，在很大程度上依赖于团队内部成员的构成和沟通的有效性。

团队沟通是一定的组织实施各项管理职能时，团队成员之间发生的所有关于沟通的方式、方法、手段和途径（图 7-1）。

图 7-1 团队沟通

链 接 成功最重要的因素

美国著名学府普林斯顿大学对一万份人事档案进行分析，结果发现，智慧、专业技术和经验只占成功因素的 25%，其余 75% 取决于良好的人际沟通，而相比之下，团队之间的沟通则更为重要。

（二）团队沟通的特点

美国著名未来学家约翰·奈斯比特曾说："未来的竞争将是管理的竞争，竞争的焦点在于每个社会组织内部成员之间及其与外部组织的有效沟通。"

1. 团队沟通具有目的性　心理学家马斯洛曾说，杰出团队的显著特征便是具有共同的愿望与目的。团队沟通的目的有说明事物、表达情感、建立关系和引发行动。运用有效的倾听技巧和诉说技巧，可以促进团队建设上情下达、下情上达，促进彼此了解，消除成员间内心的紧张和隔阂，营造融洽的沟通氛围。

链 接　企业沟通的四项基本原则

当代管理思想大师彼得·德鲁克提出了企业沟通的四项基本原则。

（1）本次沟通的内容在接收者的理解范围之内吗？

（2）沟通是期望，只有理解听众的兴趣和期望，才能使他们从新的角度来看待问题。

（3）沟通创造要求，我们希望接收者成为某种人、做某些事、相信某些话。沟通前问自己，为什么要在这上面花费时间？是什么鼓励他们把最宝贵的时间留给我，他们在结束时相信物有所值吗？

（4）信息是中性的，而沟通不是，沟通的背后都隐藏着目的。

2. 团队领导要有高超的沟通技巧　善于沟通的团队领导，首先能够将团队的目标和对成员的期望有效地传达给成员，担当好"牧师"的角色。在团队建设中，有效的团队领导能够充分倾听成员的声音，根据实际情况适当授权，调动成员的积极性，使其参与计划的制订，当好"教练员"的角色。也就是说，作为领导者，应了解团队成员的心理需要，尊重他们的要求，通过自己的组织协调能力及令人拥戴的领袖魅力，影响和引导团队成员按照既定的方向完成组织目标，而不是监管、控制他们。

3. 尊重团队成员的角色差异　世界上没有完全相同的两片树叶，人亦如此。团队管理者需要尊重团队角色的差异，千万不能只认可与自己性格和能力相同或相似的成员，而排斥甚至打击与自己性格和能力相异的成员。团队中的每个角色都是优点和缺点相伴相生的。例如，"创新者"勇于创新、才华横溢，充满聪明才智，即便如此，他们也免不了会有高高在上、不注重细节、好夸夸其谈、瞧不起别人的"坏毛病"。"实干者"在人们的眼里是"老黄牛"，团队的收获离不开他们的耕耘，他们勤勤恳恳、任劳任怨、脚踏实地，但免不了有应变能力不强、墨守成规、不思进取等方面的缺点。

4. 团队沟通的形式多样化　团队沟通可能是语言性的，也可能是非语言性的，如面部表情、文字，都能传达沟通目的。吵架、破口大骂是一种非理性的激烈沟通方式。

二、团队沟通的方法和注意事项

有关研究表明，团队管理中 70% 的错误是由不善于沟通造成的，只有良好的沟通才能统一思想，使团队成员各司其职，提升整个团队的执行力。

（一）团队沟通的方法

考点 团队沟通的方法和注意事项

1. 换位思考　是人与人之间关系融洽的润滑剂。人们总是站在自己的角度去思考问题，如果能换一个角度，就会多一些理解和宽容，拉近人与人之间的距离。在一个团队中，只有换位思考，才可能增强凝聚力。

换位思考是设身处地地为他人着想，即想人所想，理解至上的一种处理人际关系的思考方式。在团队沟通中，应该追问自己三个问题：对方需要什么？我能给对方什么？如何把对方的需要和我能提供的联结起来？要坚持“人所欲，施于人”的理念，而不是“己所欲，施于人”的理念。

2. 主动倾听　倾听是成功沟通的关键，倾听是对说话者的尊重，它向对方表达的是，我在乎你的遭遇，你的生活和经历是重要的。主动倾听意味着全神贯注地听别人说话，并尽量理解它，深入理解团队成员所做的事情及他们的感受，正确理解他们为什么要这样做、为什么会有这样的感受。主动倾听的最大好处在于听者会倾听你讲话，并且在你讲话时做出回应。

当团队领导听到不同观点时，不要急于表达自己的意见，应该接受他人所言，把自己的意见推迟到对方说完之后再说。

对方希望你在倾听，就会寻找证明你在倾听的线索。下面告诉你如何成为一个不折不扣的倾听者：①保持适当的目光接触。②身体稍稍前倾。③用点头或复述来激励说话的人。④适时提问，以弄清讲话内容。⑤尽量不要让自己分心。⑥即使生气或心烦，也要专心致志理解对方所说的话。

3. 精练的语言表达　与团队成员沟通时，要使用通俗易懂、简单明了的字句，避免冗长乏味的语言表达，避免不必要的重复。要根据场合及对方的心理接受程度来斟酌用语，避开一些忌讳和不礼貌的语言，避免伤害对方的自尊心。

4. 恰当的非语言表达　在沟通中，信息的内容部分往往通过语言来表达，而非语言则作为提供解释内容的框架，来表达信息的相关部分。一个人的非言语行为更多的是一种对外界刺激的直接反应，基本都是无意识的反应。要善于利用肢体语言传达信息，对方也会利用目光接触、面部表情、语气、举止、手势、空间距离和方向等判断你是否在认真倾听和真正理解。

（二）团队沟通的注意事项

1. 团队领导要正确行使职能　根据《管理学基础》一书，领导指领导主体根据实际情况确定本系统的目标和任务，并通过示范、说服、命令、竞争和合作等途径获取和动用各种资源，引导和规范领导客体、实现既定目标，完成共同事业的强效社会工具和行为互动过程。

（1）团队领导应善于授权：团队领导要给团队成员充分展示自己才能的机会，给团队成员提供一个发展的平台，调动工作积极性，增强团队凝聚力。

（2）团队领导应善于发挥组织能力：团队领导为实现组织目标，要合理地配置组织中的人、财、物，把组织的三要素构成一个有机整体。

（3）团队领导应善于发挥激励能力：实现组织的目标是领导者的根本任务，但完成这个任务不能仅靠领导者一个人去动手亲自干。领导者应在组织的基础上，通过激励措施，将团队成员的积极性调动起来，共同努力。

2. 加强团队的目标管理　当团队成员的目标和团队目标一致的时候，团队成员就容易产生对团队的信任，士气才会提高，凝聚力才能更深刻地体现出来。所以团队领导要把确定的长远发展战略和近期目标下达给成员，并保持沟通和协调。

美国现代管理学之父彼得·费迪南德·德鲁克在1954年出版的《管理实践》一书中，首次提出了“目标管理”的概念。目标管理亦称“成果管理”，又称责任制，是指在企业个体职工的积极参与下，自上而下地确定工作目标，并在工作中实行“自我控制”，自下而上地保证目标实现的一种管理办法。一旦目标被制订出来，就要对目标保持一定程度的尊重甚至是“敬畏”，在某种意义上，不是你管理目标，而是目标在管理你。

链 接　目标管理的中心思想

目标管理的中心思想是具体化展开的组织目标成为组织每个成员、每个层次、每个部门等的行为方向和激励手段，同时也使其成为评价组织每个成员、每个层次、每个部门等的工作绩效的标准，从而使组织能够有效运行。

3. 加强团队文化建设　团队文化，有时又称团队精神，一般为团队中长期形成的共同理想、基本价值观、作风、生活习惯和行为规范的总称，是团队在经营管理过程中创造的具有团队特色的精神财富的总和，对团队成员有感召力和凝聚力，能把众多人的兴趣、目的、需要及由此产生的行为统一起来，是团队长期文化建设的反应。它是团队领导倡导、培植、身体力行的结果，通过各种方式灌输到全体团队成员的日常行为中去，日积月累地逐步形成。团队文化一旦形成，就会反过来对团队管理发挥巨大的影响和制约作用。

团队文化扎根于团队员工，融于全体员工的思、言、行中，然而它又带有灌输性，可以通过各种喜闻乐见的形式来体现，如各种有意义的庆典活动、群众性的文体活动（爬山、露营、球赛、文艺活动）等。团队文化还体现在制度建设、标志、精神、口号等方面。

三、与领导和同事的有效沟通

职场是人们建功立业的战场，是展现人生才华、实现自我理想的舞台。职场中的人际关系沟通主要体现在两个方面：一是为他人和社会提供服务产品的系统内部的关系沟通；二是服务系统与被服务系统之间的外部关系沟通。大学毕业生初入职场，在服务系统内部的关系沟通中，首先要做好与领导和同事的沟通。

（一）与领导的有效沟通

考点
与领导和同事的有效沟通

在职场中，与自己的领导交往的效果将直接影响个人前途。与领导有效沟通可以促进双方的关系融洽，有利于自己获得更多加薪晋升的机会。反之，遇到分歧或困难不与上级进行有效的沟通，则只能是自食其果，最终不是自己主动辞职，就是被上级辞退。

因此，我们应该积极主动地与上级进行有效沟通，这样才能赢得赏识和器重，个人前途才会有所发展。

1. 尊重　我们尊重领导，不仅是对个人的敬重，也是对其所担负的职责的尊重。绝大多数领导都会在乎其权威和地位，要求下属的认可，最忌讳下属对自己的权威不尊重、不服从。

链 接 领导的角色

美国心理学家克雷奇和克拉奇菲尔德概括了领导在不同场合所扮演的角色，有执行官（制订规则、议程和会期）、策划者、决策人（制订主要方针和基本原则）、专家、群体对外代表（代表本群体与外界进行沟通）、内部关系调控者（对个人进行分化组合，提职或降职）、奖惩实施者（表扬、批评、分配重要角色）、仲裁者、榜样（为群体中的个人行为表现做良好示范）、思想家、替罪羊（为集体的失败承担过失，化解敌意）。

2. 主动请示汇报 在工作中应帮领导先想一步，适时提出有前瞻性的工作思路，但不能超越管理权限。也不能事事请示，遇事没有主见，大小事不做主。该请示汇报的必须请示汇报，但决不要依赖。向领导请示汇报的一般程序如下所示。

（1）仔细聆听领导的工作指示：如果领导明确指示你去完成某项工作，一定要用简洁有效的方式明确工作的目标和重点。可以利用传统的“5W2H”的方法来快速记录工作要点，即弄清楚工作的时间（when）、地点（where）、执行者（who）、目的（why）、需要做哪些工作（what）、怎么样去做（how）、需要多少工作量（how many）。

（2）与领导探讨初步解决方案的可行性：领导在下达工作指示后，往往会关注下属的解决方案，他希望下属能够对该问题有一个大致的思路，以便在宏观上把握工作的进展。所以，作为下属，在接受工作之后，应该积极开动脑筋，对该工作有一个初步的认识，告诉领导初步的解决方案，尤其是对于可能在工作中出现的困难要有充分的认识，对于在自己能力范围之外的困难，应提请领导协调别的部门加以解决。

（3）拟定详细的工作计划：在明确工作目标和初步确定解决方案后，应该尽快拟定一份详细的工作计划，详细阐述工作方案与步骤，尤其是工作进度，要给出明确的时间表，以便于领导监控。

（4）工作过程中应随时汇报：无论是提前还是延迟了工作，你都应该及时向领导汇报，让领导知道你现在在干什么，取得了什么成效，并及时听取领导的意见和建议。

（5）工作完成后，及时总结汇报：总结成功的经验和不足之处，以便在下一次的工作中改进提高。同时，不要忘记在总结报告中提及领导的正确指导和下属的辛勤工作。至此，一项工作的请示与汇报才算基本结束。

3. 学会给领导提意见 不同情况下提出的同一建议会有不同的结果，在公众场合要处处为领导着想，处处维护领导的形象，建议的内容要客观可靠，符合实情，具有可操作性。最好选择非正式场合，以非工作角色，在私下提出意见，这样一般不会有损上级尊严。给领导提供选择方案时，最好一次多提几个可行性方案，使上级有选择的余地，同时也体现你的思路广阔，对工作尽心尽力。方案要将新情况、新问题指出来，从实际出发，言明是非曲直，将每种方案的优缺点一一陈列，供上级选择。

4. 学会提反对意见 对自己熟悉、了解的事项，若领导的决策有明显的错误，这时也要站在领导的立场上思考问题，通过分析利弊得失，让领导感到我们是在为领导着想。

（二）与同事的有效沟通

案例 7-3

小明是一名刚走上工作岗位的大学生，平时工作很努力，和上司的关系不错。接上级通知，将在表现突出成绩优秀者中选拔一批年轻干部。小明满以为自己会当选，甚至做好了请客的准备。谁知，任命书一下来，小明便泄了气，怎么会是比自己差很多的小李！

经过多方打听，小明才明白真相，领导来调查的时候，居然没有一位同事为他说好话。

问题：1. 小明为什么没有被提拔？

2. 如果你是小明，日常工作中应如何与同事沟通？

同事，指行事相同、执掌同一事务的人，现指在同一单位工作的人。在职场中如何与同事相处是一门学问。俗话说，一个篱笆三个桩，一个好汉三个帮。在工作中，如果离开了同事的支持，就像鱼儿离开了水，能力再强也无法发挥。

图 7-2　同事沟通

我们大部分的时间是在单位度过的，与同事相处的时间甚至超过了家人。如果在办公室有几个至交好友，不仅能满足倾诉、陪伴和抚慰的需要，还会增强个人对集体的归属感，减轻压力（图 7-2）。

1. 遵守办公室礼仪　办公室是一个处理单位业务的场所，办公室的礼仪不仅是对同事的尊重和对单位文化的认同，更是每个人为人处事、礼貌待人的最直接表现。工作期间，大家都喜欢有一个相对安静的环境进行工作。如果在办公室，某个同事不分时候地谈天说地，影响工作，我们会认为他的素质差，不会跟他走得太近。

2. 同事间不要随便发牢骚　有些同事在工作中喜欢挑剔抱怨，看什么都不顺眼。不要随便发牢骚，尤其当着很多人的面发牢骚是最错误的，同事并不了解你的工作情况，关系好的同事也许会同情你，但是多数人不爱听你发牢骚，甚至会很反感。

家庭生活中也难免会有这样、那样的事情，家庭中的牢骚最好在家里解决，不要在办公室谈论。

3. 自我表现别过分　适当的时间，适当的地点，勇于自我表现可以提升同事对你的好感度。反之，则会给自己增添一些不必要的麻烦。

4. 敢于承认错误　世上没有完人，任何人在工作时都难免失误。由于意外，工作没能顺利完成，给单位造成一定损失时，应当主动向领导说明情况，坦诚自己的错误。

5. 用自信赢得同事的信赖　在职场中，一个人如果没有自信，别人会认为他能力欠缺和责任意识低。这种人的职业地位很难得到提升。自信是自己对自己的客观评价，对于自己能够做到什么、不能够做到什么，应有清醒的认识。自信不是狂妄自大、拒人于千里之外。

第 3 节 谈判与论辩

一、谈判的含义与类型

考点 谈判的含义与类型

（一）谈判的含义

《现代汉语词典（第 7 版）》将谈判解释为：有关方面对有待解决的重大问题进行会谈。谈，指双方或多方的沟通和交流。判，即分辨和判定一件事情。谈是判的前提和基础，判是谈的结果和目的。只有在双方之间沟通和交流的基础之上了解对方的需求和内容，才能够做出相应的决定。

简单讲，谈判是因为别人手里面有你想要的，你的手里面也有别人想要的，这时候才有谈判的可能。如果你的东西我不想要，或者我的东西你不想要，两个人就没有谈判的必要了。谈判已深入到社会生活的各个领域。一切协商、交涉、商量、磋商等，都可以看作谈判。谈判双方有同等的压力，否则他不会走进这个谈判的场所。

美国谈判学会主席杰勒德·尼尔伦伯格在《谈判的艺术》中写道："谈判的定义最为简单，而涉及的范围却最为广泛，每一个要求满足的愿望和每一项寻求满足的需要，至少都是诱发人们展开谈判过程的潜因。只要人们为了改变相互关系而交换观点，只要人们是为了取得一致而磋商协议，他们就是在进行谈判。"

英国学者马什在《合同谈判手册》一书中对谈判所下的定义是："所谓谈判，是指有关各方为了自身目的，在一项涉及各方利益的事务中进行磋商，并通过调整各自提出的条件，最终达成一项各方较为满意的协议这样一个不断协调的过程。"

1. 谈判是建立在人们需要的基础上的　杰勒德·尼尔伦伯格指出，当人们想交换意见、改变关系或寻求同意时，人们就开始谈判。这些需要有物质的、精神的，有组织的、个人的等，当需要无法自给自足时，就需要他人的合作才能满足，这时就要借助谈判，而且，需要越强烈，谈判的要求越迫切。

2. 谈判是一种协调行为的过程　由于参与谈判的各方的利益、思维及行为方式不尽相同，谈判的过程实际上就是寻找共同点的过程，是一种协调行为的过程。解决问题、协调矛盾，不可能一蹴而就，这个过程往往随着新问题、新矛盾的出现而不断重复。

3. 谈判应选择恰当的时间　一般来说，应避免在身心处于低潮时进行谈判，避免在连续紧张工作后进行谈判，避免在身体不适时进行谈判，避免在一天中最疲劳的时间进行谈判。

4. 谈判应选择恰当的地点　美国心理学家泰勒尔和他的助手兰尼做过一次有趣的实验，证明许多人在自己家客厅里谈话更能说服对方。因为人们有一种心理状况，在自己的所属领域内交谈，无须分心去熟悉环境或适应环境；而在自己不熟悉的环境中交谈，往往容易变得无所适从，导致出现正常情况下不该有的错误。

（二）谈判的类型

在谈判实践过程中，根据不同的划分标准，可以把谈判分为不同的类型。

1. 根据谈判人员数量和规模的不同划分

（1）个人谈判：指在某些谈判中，谈判方只派出一位谈判代表，进行“一对一”形式的谈判。

（2）小组谈判：指在谈判中，为了提高谈判效率，谈判方各由若干谈判人员组成谈判小组共同参加的谈判。这种谈判组内的人员有适当分工和合作，可取长补短、各尽其能。

（3）大型谈判：指能够影响国家声望、关系国计民生、决定国家或地方经济发展的重大谈判。这类谈判历时比较长，程序严谨，大多会分成若干层次和阶段进行谈判。

2. 根据谈判主体的不同划分

（1）企业间谈判：为了协调企业间各种利益关系而进行的谈判。

（2）政府间谈判：各国政府之间或者是国内各政府部门之间的谈判。国内政府之间的谈判是为了协调和理顺各部门之间的关系，提高工作效率。各国政府之间的谈判是为某种具体事项的协调统一而进行的，并最终达到促进世界和平、稳定与发展的目的。

（3）民间谈判：为了调解家庭内部矛盾、处理家庭之间的纠纷或者是协调个人之间的关系而进行的谈判。谈判主体可以是基层组织人员、双方单位代表，或者是双方可以信赖的德高望重的邻里、同事、亲友等，当然也可以是当事人直接进行谈判。

3. 根据谈判性质的不同划分

（1）一般性谈判：指生活中最常见的随意性比较强的、非正式的谈判。这类谈判无须做过多的准备，日常生活中几乎到处都是。例如，一对夫妻在买豆浆机的过程中，为了说服对方同意购买自己满意的品牌所进行的非正式谈判。

（2）专门性谈判：指专门针对经济、文化、教育等内容而进行的内容比较单一的谈判。

（3）外交性谈判：指国与国之间进行的各种内容的谈判。这类谈判都要有充分的准备，谈判的过程比较正规和严谨，谈判的结果对双方都有很大的影响和制约。

4. 根据谈判语言交流方式的不同划分

（1）口头谈判：指谈判双方在谈判的过程中以口语表达的方式进行协商，既可以是面对面的形式，也可以通过电话来完成。口头谈判的优点是灵活性比较大、信息反馈迅速、谈判对象广、内容丰富。其缺点是主观性比较强，容易在谈判的过程中出现遗漏，容易在谈判后产生纠纷。因此，口头谈判适用于内容比较简单的谈判，或者用于重大谈判的首次接触。

（2）书面谈判：指双方在谈判过程中通过书面材料进行协商，书面材料可以是文字的也可以是图表的。书面谈判的优点是谈判的效率比较高，精力也比较集中，双方需要承担的责、权、利在书面材料中也比较明晰。其缺点是比较“生硬”，缺少情感交流，灵活性也较差；双方对文字的表述也容易发生分歧，影响谈判的效果。

5. 按照企业营销的层面划分

（1）销售谈判：卖主关心的是卖价的高低和销售量的多少。买主关心的是产品的质量、服务的各项条件及价格上的优惠。谈判的主要内容包括价格、质量、服务、包装、运输、结算方式、交货时间或发运时间等。

（2）原有合同的重新谈判：由于市场风云多变，在长期合同中一般都有一些允许买主和卖主在合同截止期前重新谈判的条款或条件。

（3）索（理）赔谈判：指在合同义务不能或未能完全履行时，当事人进行的谈判。在商品交易过程中，由于卖方交货时，品质不符、数量短缺、包装不符、延期交货，或者买方擅自变更条件、拒收货物和延期付款等，而给对方造成损失时，都可能引起索赔（或理赔）。

链 接 商务谈判

商务谈判，指经济领域中，具有法人资格的双方为了满足贸易的需求，围绕涉及双方利益的标的物的交易条件，通过磋商达到交易目的的行为过程。

商务谈判一般分为三个阶段：①准备阶段，需要专门的团队来进行，要搜集各个方面的资料，如材料成本、双方的竞争地位、对方的交易记录等；②发展阶段，是在准备工作完成的基础上进行的，在这个阶段会遇到种种意料中和意料之外的状况，这时，谈判者就应根据情况拿出应变招数；③缔结协定。

二、谈判的原则与技巧

（一）谈判的原则

谈判原则是指在谈判过程中，谈判双方必须遵守的基本准则或规范。遵循必要的谈判原则，是谈判获得成功的基本保证。充分了解谈判原则有助于掌握和运用谈判的技巧，有助于保护谈判各方人的利益。

1. 求同存异　就是找出共同点，保留不同点。求同是让彼此更加亲近、友善。存异是让彼此更加宽容、尊重。谈判是谈判各方为了各自的利益而进行的协商。为了谈判成功，各方应当在原则上保持一致，摒弃细枝末节的不同意见。谈判各方应该在关心自身利益的同时，也注重对方的利益，根据对方的需要与可能，有来有往，互通有无，做到双方互利。

2. 以事实为根据　事实是不以人的意志为转移而客观存在的。要充分利用数据、相关资料等，以“过来人”的身份现身说法，利用好专家、权威和名人的影响，以事实为根据，在谈判过程中向对方如实介绍有关情况，这样才能使对方的信任油然而生。

3. 诚实守信　“人无信难立，买卖无信难存”。谈判者应言而有信，行必有果。良好的信用能给谈判对手以信任感，从而使双方消除疑虑和分歧，尽快达成一致。

4. 人、事有别　谈判应做到对事不对人，把人与事分开处理。由于谈判的主体是人，难免受到个人的感情、要求、价值观、性格等方面的影响。如果将对人的不满情绪带到对问题的解决上来，谈判内容只会变成对谈判者个人问题的谈论，这样会降低谈判的效率，影响双方的长期合作。

（二）谈判的技巧

谈判要“智取对方，赢得所要”。谈判要用智慧、技巧去赢得对方更好的条件。谈判过程中最重要的是平衡双方的利益。

1. 确定谈判态度

（1）如果谈判对象很重要，谈判的内容并非很重要，可以在我方没有太大损失与影响的情况下，抱有让步的心态，这样对于以后的合作会更加有利。

（2）如果谈判对象很重要，谈判的结果也很重要，可以将矛盾转向第三方，抱着友好合作的心态去谈判，将对立竞争转化为携手合作。

（3）如果谈判对象不重要，谈判结果也无足轻重，那么就不要把太多精力消耗在这样的谈判上，甚至可以取消谈判。

（4）如果谈判对象不重要，但谈判结果很重要，那么就以积极竞争的态度参与谈判，不用考虑谈判对手，完全以最佳谈判结果为导向。

2. 知己知彼

（1）知己：谈判前，首先问问自己这次谈判的目的是什么，以便明确谈判主题，控制谈话的方向；其次问问自己这次谈判的理想结果是什么，以便制订更好的谈判策略；最后问问自己能接受的最坏结果是什么，以便确定谈判的底线。

（2）知彼：谈判前要有充分的准备，全面了解和判断对方的权限，避免与无权决定事务的人谈判，以免浪费自己的时间，同时也避免事先将本单位的立场透露给对方。对对方的了解越多，越能把握谈判的主动权，了解对方时不仅要了解对方的谈判目的、心理底线等，还要了解对方的单位情况、行业情况、谈判人员的性格、谈判对手的习惯与禁忌等。每个人都有试图回避或不愿提及的隐私和痛处，有些甚至当事人自身都不太清楚。而一旦触及这些方面，就像是触动了他的雷区一样，后果不堪设想。

3. 建立融洽的谈判气氛 谈判气氛是指谈判各方通过各自所表现的态度、作风而建立起来的谈判环境，是谈判各方的目光、姿态、动作和语言等一系列有声和无声的信号在谈判人员大脑中迅速得到的反应。事前的准备工作越周密，越有利于建立良好气氛，最好是对此拟出一个详细的计划方案，以免忙中出乱。

（1）进入会场时，以开诚布公、友好合作的姿态出现。握手及第一次目光接触时，要表现出真诚、可信及自信。

（2）在谈判过程中应谦虚谨慎，说话要轻松自如，不快不慢，以理服人。

（3）不要过早地对对方的特点、意图形成固定的看法，应随着谈判向实质性阶段的过渡而做出更深入的分析，随时调节谈判气氛。

4. 谈判语言要精练 人类接收外来声音或视觉信息时，一开始专注，但注意力随着信息量的增加，会越来越分散。因此，谈判时语言要简练、有针对性，争取在对方大脑处在最佳接收信息状态时表述清楚自己要传达的信息。

在沟通中，我们一般是 80% 的时间在听，20% 的时间在说。而在这 20% 的说当中，又有 80% 是在询问对方的感受。在谈判中也是这样，一定要让对方感觉到被倾听、被重视。

在重要的谈判前应模拟演练，训练语言的表述、突发问题的应对等，切忌模糊、啰嗦的语言，这样不仅无法有效表达自己的意图，更可能使对方产生疑惑、反感的情绪。

在谈判提问时应注意以下几点。

（1）提问者要事先准备好问题。用最精练的语言将问题进行归纳并提出，同时要顾及对方的反应。

（2）要选择合适的提问方式。根据谈判的氛围，选择合适的提问方式，可以引导转变对方思路，控制谈判的方向。

（3）掌握好提问的态度。提问时态度要平和有礼，让对方感受到你的诚恳，提出问题后应等待对方回答，尽量避免唇枪舌战。

（4）回答要有技巧。主要有以下几点。

1）要掌握好回答的速度。回答问题之前，要给自己留有思考的时间，搞清对方提问的真实意图，再决定自己的回答方式和范围，并预测在己方答复后对方的态度和反应，考虑周详之后再从容作答。

2）回答时要有所保留，不要彻底回答。谨慎回答尚未弄清楚的问题，不要马上作答。不能在未完全理解对方问题时就仓促回答，否则很容易掉进对方设下的陷阱，导致把不该说的事情说出来，造成不必要的损失。

3）不要确切回答。在谈判中经常会遇到不便明确答复的问题，可以用模糊性或意向性的语言，避重就轻地来应付对方的问题。

三、论辩的特点与技巧

（一）论辩的特点

论辩，也称辩论，是对立的双方就同一问题观点明辨是非、探求真理，相互分析、反驳，以论证自己观点正确的活动。

论，就是证明和陈述，用一定的论据来论证己方命题的正确，目的在于“立”。

辩，就是分析，指出对方命题的谬误，目的在于“破”，为己方的“立”清除障碍。

1. 辩论的对立统一性 辩论是双边活动，最少两人参加。一个人对两种方案的权衡比较，只是思考和分析，则“辩”的意义没有通过“论”来实现。辩论是基于事实，符合逻辑的陈述，是对事理的深度探讨。流于表面、不入本质的“论”，因为缺乏“辩”而无法体现。辩论双方针锋相对，各抒己见，站在两个相反的立场上相互攻防，是对立。但双方的目的是一致的，那就是追求真理，达成共识，从而得出对现实有指导意义的论断，是统一。

2. 论证的严密性 只有合乎思维逻辑的辩论，才可能获胜，否则只能是诡辩。辩论时，要用逻辑思维思考问题，用充分有力的论据论证问题，通过观察、比较、分析、综合、抽象、概括、判断、推理等能力，准确而有条理地表达自己。辩词的语言既要有书面语言的严密性和连贯性，又要有口头语言的通俗性和生动性；要适当运用比喻、排比、反问等修辞手法，以强化辩词的感染力。

常见的论据，如事实论据就是客观发生的事实情况，道理论据就是得到大众充分认可的理论和观点，包括公理、风俗习惯、名人名言、法律法规政策等。“充分”就是要有一定的量，“有力”就是直截了当地证明观点。

3. 追求真理的目的性 辩论的目的是追求真理。同时，辩论的过程增加了我们的知识储备量，开阔了视野，提高了我们的逻辑思维能力和语言表达能力，最终取得共识，所以说辩论双方没有对错之分。

4. 现场表达的机敏性 辩论的语言应当具有简短有力和严谨准确的特点。要三言两语亮明观点，击中对方的要害，不能喋喋不休地长篇大论。辩论时，双方发言的时间都有严格的限制。如果为了压缩时间而加快发言的速度，对方就听不清你的意思，有损沉着应战、从容不迫的风度。所以，加快语速不是办法，只有在较小的篇幅里容纳较多的信息，只有在简练明快上下功夫，才能既节省时间，又容易奏效。

多使用幽默风趣的语言，避免使用枯燥无味的大白话，用具体的、有据可查的数据，避免使用可能、大概、好像、应该之类的词句。因为数字只要有据可查，不管准确与否，对方往往无法反驳，也无法否定。

5. 攻守平衡性 辩论犹如战斗，论是防守，辩就是进攻。如果只讲防守，则对对方的观点构不成任何威胁，这样就不可能取得胜利。如果只进攻，对对方提出的证据和问题不敢正面回答，这样往往是还没有攻破对方的堡垒，自己就已失去阵营。

要取得最后的胜利必须讲究进攻和防守的平衡。防守是基础。当对方对己方的观点或者证据提出一些质疑的时候，可以不予以回答。但当对方对己方的基本观点提出质疑时，则必须简明扼要地回复，并进行辩护和解释。只有澄清自己的基本观点，才能够有充分的空间和时间攻击对方，如果不进行必要的辩护，进攻就会显得强词夺理，理屈词穷。因而，防守就是最有效的进攻。

链 接 辩题的三个层次

辩题可以分为以下三个层次。

（1）事实辩题指辩论事物之间的某种因果关系的真假，如死刑对故意杀人具有威慑力。

（2）价值辩题指辩论某个信仰、价值或事实是正当的，或是与辩题定义及评判标准相符合的，如废除死刑利大于弊。

（3）政策辩题指辩论是否应通过一个新的政策或行动方案，如我国不应废除死刑。

事实是价值判断的基础，而价值可能是政策的先兆。大多数情况下，一旦我们赞成一种价值，下一步便是支持与价值相一致的政策。

（二）论辩的技巧

论辩的现场是一场“没有硝烟的战争”，辩手的辩才与风度体现了个人的素养，同时也需要运用一定的技巧。

1. 广泛搜集材料 “一人之辩，重于九鼎之宝；三寸之舌，强于百万之师。”辩论开始前，我们为了取胜，要翻阅大量资料书籍，要广泛搜集能证明己方观点的材料，要选择最有说服力的论据，可以是名言警句、公理定理，也可以是真实具体的事实、翔实可靠的数据或者与命题有关的政策、法规，也可以是寓言故事，甚至包括印证对方观点错误的反面材料。

往往取胜的欲望越强，学习的兴趣就越高，我们探究得越多，掌握的知识面越广，才能运用得越好。

2. 抓主要矛盾，确立论点 无论多么复杂的问题，必定有一个决定全局、关系重大的主要矛盾，不能不分轻重缓急，“眉毛胡子一把抓”，要确定基本论点和最佳辩论角度。赛前充分准备、认真推敲、精心组织要提问的问题，要自己尝试回答，并推测对方可能怎么回答，根据自己的回答，再进一步发问。

3. 了解对方 “知己知彼，百战不殆”。要想在辩论中取胜，应设法了解对方的总论点、分论点及支持其观点的论据，分析对方辩论过程中的逻辑联系，推测可能出现的薄弱环节，以便确定自己的辩论对策。

辩论过程中要看清对方的观点，抓住对方观点中的要害问题，一攻到底。当自己无法回答对方的问题或观点时，可以避开对方的问题，攻击对方的其他弱点，要善于在关键的问题上攻击对方，保护自己。

4. 辩论词条理清晰 为使辩论语言简洁、条理清晰，就要准备一份详细的辩词，将相关观点和材料要点写在卡片上，这样才能真正把战略意图、战术技巧落到实处。

辩词重点应放在论证上，通常要把总论点分成若干个分论点，从不同侧面分若干层次进行论证。

5. 语言技巧 在做了充分的准备后，灵活巧妙地运用语言技巧可以使我们保持主动或由被动变主动，取得胜利。

（1）归谬法：指先假定对方的论点是可以成立的，然后从这一论点中加以引申、推论，最后得出明显荒谬的结论，以驳倒对方论点的一种论证方法。思维过程可用公式表示如下：假设 A 真，如果 A 真则 B 真。但 B 不为真，所以 A 并非真。

例如，一个顾客看中了广告的自行车。他来到商店挑选后，发现实际出售的自行车上没有车灯，而广告中有。顾客便指责店主骗人。店主平静地说：“车灯是额外的，不在车价内。广告上还有一个骑车的女士呢，难道我们还要随车提供一位吗？”

（2）类比推理法：简称“类推”，指辩论的一方不直接反驳对方的议论，而是通过一个和对方论证相类似的推理过程来显示其论点不能成立，也就是人们常说的“以其人之道还治其人之身”。

例如，一位牧师诘难一位黑种人领袖：“先生既有志于黑人解放，非洲有那么多黑人，先生为什么不去非洲？”这位黑种人领袖从容答道：“阁下有志于灵魂解放，地狱的灵魂那么多，阁下为什么不早下地狱？”

（3）迂回包抄法：就是当发现对方的谎言后，不急于戳穿，故意设问诱其重申肯定，再予以揭露，使其有口难改。例如，弟弟让哥哥次日凌晨两点到火车站接货，但哥哥贪睡误点了。见面后，哥哥谎称去了，但没见到弟弟。弟弟：“昨晚那趟车晚点了，你知道吗？”哥哥：“当然知道。”弟弟：“火车到站时间是两点半还是三点？”哥哥：“两点半。”弟弟：“算了吧，昨晚火车正点到达的。”

（4）欲擒故纵法：就是先诱敌深入，再摧毁对方的方法。例如，小说《威尼斯商人》中，律师肯定了夏洛克的控诉，法庭判给他商人身上的一磅肉。正当夏洛克得意忘形时，律师又提出割肉但不能流血的要求，终于使夏洛克败下阵来。

（5）揭悖反驳法：就是通过揭示与对方论题相悖的事实来显示对方论题的荒谬、错误，从而驳倒对方的方法。例如，寓言故事《狼和小羊》中，小羊面对狼的无理指责，小羊说：“你在上游，我在下游，我怎么把你喝的水弄脏呢？去年我还没出生，怎么能在背地里说你的坏话呢。”

链 接 二难推理法——无法刮脸的理发师

一理发师的广告词说："本人的理发技艺高超。我将为所有不给自己刮脸的人刮脸，我也只给这些人刮脸。我对各位表示热诚欢迎！"来找他刮脸的人络绎不绝。有一天，他从镜子里看见自己的胡子长了，他本能地抓起了剃刀，他能不能给自己刮脸呢？

如果他不给自己刮脸，他就属于"不给自己刮脸的人"，他就要给自己刮脸。如果他给自己刮脸，他又属于"给自己刮脸的人"，他就不该给自己刮脸。

实践训练 模拟面试

主题：模拟面试		地点：实训室	时间：1 课时	
目标：1. 了解常见的面试流程 2. 熟练运用面试技巧，回答常见的面试问题				
活动名称	活动流程	学生准备	注意事项	时间分配
观看视频	一同观看大学生面试视频，让学生找到参加面试的注意事项	学生提前搜集面试素材，如常见面试问题、面试技巧和面试视频，做好学习记录	学生观看视频时，注意对照自己的学习记录	10 分钟
模拟面试	由 3 名同学担任面试官，对参加面试的 4 名同学进行模拟面试	1. 面试官要准备好问题，每人准备 5 个问题，根据求职者的情况，每人选择提问 1 个。根据评分标准逐项打分 2. 参加面试的 4 名同学要备好自我介绍和简历表，做好面试准备	1. 活动前，任课教师要在班级内充分动员，调动学生积极性 2. 活动前，与参加模拟面试的学生充分交流活动的各个环节	30 分钟
小结	1. 教师点评参加模拟面试的学生表现 2. 教师讲解常见问题和回答技巧 3. 总结活动亮点，指出问题		学生认真记录	5 分钟

自测题

一、单选题

1. 以下哪项体现了自荐信的特征（　　）
   A. 可使用模糊语言
   B. 要把握层次，突出重点
   C. 不用阐明具体的求职目标
   D. 要炫耀自己的长处
   E. 可以夸夸其谈
2. 求职简历的内容不包括（　　）
   A. 求职意向　　B. 实践经历
   C. 个人基本信息　　D. 学习经历
   E. 家庭成员情况
3. 道理论据不包括（　　）
   A. 风俗习惯　　B. 名人名言
   C. 法律　　D. 法规
   E. 事实
4. 心理学家马斯洛曾说："杰出团队的显著特征便是具有共同的愿望与目的。"这体现了团队沟通的哪个特点（　　）
   A. 目的性　　B. 技巧性
   C. 尊重差异性　　D. 形式多样性
   E. 主动性
5. 与领导沟通时的错误做法是（　　）
   A. 领导都在乎其权威，要尊重领导
   B. 要事事请示领导，大小事都不能自作主张
   C. 明确工作目标后，要拟定详细的工作计划，以便领导了解工作进度
   D. 平时要和领导保持适当的距离
   E. 给领导提意见时，要选择适当的场合

二、简答题

1. 求职沟通的原则有哪些？
2. 简述团队沟通的注意事项。
3. 大学生辩论赛上常用的辩论技巧有哪些？

（郝良强）

第 8 章

人际沟通在护理工作中的应用

第 1 节　协调护理关系

案例 8-1

患者，王某，72 岁，退休职工，因阑尾炎住院治疗。陌生的环境使他焦虑不安，责任护士小李主动对他说："王伯伯，您好，我是您的责任护士小李。您的主管医生是刘医生，他会为您做详细的检查和治疗。如果您有什么事，请找我，我会尽力帮助您。"安置好床位并介绍同室病友后，小李安慰患者："您不用担心，只要您积极配合治疗，阑尾炎是可以很快治愈的。我去请刘医生来看您，如果您有任何问题可以随时问我，我很乐意能够帮到您。"患者减轻了紧张和不安。患者住院后积极配合，病情好转即将出院时，护士小李向他交代了出院后的注意事项："王伯伯，您术后恢复得非常好，回家休养还得注意几点：一是术后切口要注意清洁，如果有红肿热痛要回医院复查；二是每天要多运动，一天三次，每次 30 分钟以上；三是饮食上要少吃糖，少吃盐，少吃动物脂肪，少喝浓茶，晚饭要少吃……"患者及其家属对护士小李的服务非常满意，向小李表达谢意后出院。

问题：1. 护士小李与患者王伯伯的关系属于什么模式？
2. 护士小李与患者王伯伯的护患关系过程经历了几个阶段？

一、护患关系

（一）护患关系的特点

护患关系是指在特定的护理过程中，护士与患者之间通过提供护理服务与接受护理服务而形成和发展起来的一种专业性的人际关系（图 8-1）。

图 8-1　护患关系

1. 帮助系统与被帮助系统的关系　医生、护士与医院的其他工作人员等用所掌握的技术为患者提供医疗护理服务，属于帮助系统。患者、患者家属得到医疗护理服务，属于被帮助系统。

2. 专业性的互动关系　在护理工作中，护患双方共同努力，互相尊重对方所处的地位，考虑双方不同的利益，医务人员运用专业技术引导患者加强沟通和交流，在互相理解、互相信任的基础上建立良好的护患关系。

3. 治疗性的工作关系　治疗性关系是护士与患者之间人际关系职业性的表现，是一种目标明确、具有一定强制性、需要认真执行和积极促成的职业行为。

4. 承担责任的不对等关系　在实际的护理工作中，由于专业原因，护患关系表现出一种一方依赖另一方的不对等的特点。患者依赖护士，处于被动接受帮助的被支配地位，是护患关系的次要方面；而护士具备专业技能，处于主动提供帮助的支配地位，是护患关系的主要方面，是护患关系后果的主要责任承担者。

5. 满足患者需要的关系　患者生病需要治疗和护理，而护士掌握着帮助患者恢复健康的专业技能，可以帮助患者康复，这使护患双方形成专业性的人际关系。

（二）护患关系的基本模式

考点　护患关系的基本模式

护患关系的基本模式包括主动 – 被动型模式、指导 – 合作型模式、共同参与型模式（表 8-1）。

表 8-1　护患关系的基本模式

模式	特点	适用人群
主动 – 被动型模式	护士为患者做什么	昏迷、休克、全麻、有严重创伤的患者及精神病患者
指导 – 合作型模式	护士教会患者做什么	急性患者和外科手术恢复期患者
共同参与型模式	护士帮助患者自我恢复	有一定文化知识的慢性疾病患者

1. 主动 – 被动型模式　是最古老的一种护患关系模式。受传统的生物 – 医学模式的影响和制约，该模式把患者看作简单的生物体，忽视了人的社会属性，没有考虑心理、社会因素对健康的影响。该模式主要适用于一些难以准确表达主观意愿、不能与护士进行有效交流的特殊患者，如婴儿，昏迷、危重、休克、全麻患者，以及某些精神障碍患者。

2. 指导 – 合作型模式　是目前护理实践活动中最常用的模式。该模式把患者看成具有生物、心理、社会属性的有机整体，认为患者是有情感的人。护患双方都具有主动性，但护士仍具有决定权。该模式主要适用于一般患者，特别是急性疾病患者和外科手术后恢复期的患者。

3. 共同参与型模式　是一种平等合作的、双向的新型护患关系模式。该模式由护患双方共同参与护理目标的制订和护理措施的实施，共享成果，共担风险，把患者的参与看成是保证护理工作质量的一个重要组成部分，充分发挥患者的积极性和主动性，是一种较为理想的护患关系模式。

（三）护患关系的阶段及主要任务

考点　护患关系的阶段及主要任务

1. 初始期　是护士与患者的初识阶段，也是护患之间相互了解、建立良好护患关系的关键时期。这一阶段从护士与患者初次见面就开始了，彼此熟悉并建立信任关系。护士在这一阶段要以端庄的仪表、和蔼的态度、严谨的作风给患者留下良好的印象，从而为护理活动的开展奠定基础。

2. 工作期　是在护士与患者彼此认识、建立信任的基础上开始合作的阶段。这一阶段时间跨度相对较长，是护患关系的主要阶段也是最重要的阶段，是护士运用护理专业技术为患者实施全方位护理，帮助患者解决健康问题的阶段。

3. 结束期　是护患关系的终结阶段，通常情况下也是护患关系最融洽、最和谐的阶段。这一阶段护士与患者共同评价护理目标的达成情况，了解患者对其健康状况和护患关系的满意度，并根据尚存的问题或可能面临的新问题帮助患者制订日后的健康保健计划，从而顺利结束护患关系。护士要提前做好患者的出院前准备，包括巩固疗效、评价护理效果、制订康复计划、做好出院指导、写好出院总结等（表 8-2）。

表 8-2　护患关系发展的过程和主要任务

发展过程	主要描述	主要任务
初始期	护士与患者初次见面，建立护患关系	护士与患者建立信任关系，确认患者的需要
工作期	护患双方在信任的基础上开始合作	采取具体有效的措施为患者解决健康问题，满足患者的需要
结束期	护患之间密切协作，可以出院或转院，达到预期目标	护士对整个护患关系进行评价，了解患者的满意度，并为患者的健康保健制订计划

（四）影响护患关系的主要因素

考点　影响护患关系的主要因素

1. 信任缺失　相互信任是护患沟通的前提和基础，也是构建和谐护患关系的重要内容。护士良好的修养、热情的态度、敬业的精神、扎实的技能，尤其是对患者的尊重，是赢得患者信任的重要保证。

2. 角色模糊　这里所说的角色模糊是指护士或患者对自己所扮演的角色功能认识不明确或对角色行为规范理解不准确所呈现的状态。护士需要对自己的角色功能进行全面认识和准确定位，使自己的角色行为符合患者的角色期待，同时努力帮助患者尽快适应患者的角色，这样才能更好地履行自己的工作职责。

3. 责任不明　角色模糊容易引起责任不明。护患双方对自己的角色定位认识不清，不清楚自己所应承担的责任和义务，从而导致责任冲突。现代医学模式和整体护理模式认为，医护人员有一定的责任对患者进行健康指导，纠正患者不健康的生活方式和不良的心理状态。

4. 权益差异　每一个社会角色都应享有与其应尽责任相应的权益，因此患者理应享有获得包括医疗权、申诉权等安全优质护理服务的正当权益。

5. 理解分歧　由于护患双方年龄、职业、文化水平及其生活环境不同，在沟通交流过程中对信息的理解就会存在差异。护士与患者沟通时应尽量使用患者可接受的方式和通俗的语言，以确保护患双方对信息理解的一致性，从而减轻或消除护患间因理解分歧而带来的不良后果。

（五）护士在促进护患关系中的作用

考点　护士在促进护患关系中的作用

1. 明确护士的角色功能　随着医学模式的转变和整体护理模式的推广，护理工作的范畴已经延伸到更广阔的领域，护士应该全面认识和准确定位整体护理模式下自己的多角色功能。

2. 帮助患者认识角色特征　护士指导患者认识角色特征，加强指导，努力帮助患者尽快适应角色，减轻责任冲突带来的影响。在整体护理模式下，患者也可以参与某些护理过程，因此接受护理服务是患者最主要的角色特征，同时也是护理活动的积极参与者。

3. 主动维护患者的合法权益　获得安全优质的医疗护理服务是患者的基本权益。维护患者的权益是护士义不容辞的责任，护士应予以高度重视并主动维护，以减轻或消除权益差异的影响，促进护患关系良性发展。

4. 积极消除护患间的理解分歧　由于多种社会及个人因素的影响，护患双方在沟通过程中对信息的理解会存在差异。护士在与患者沟通时，应该注意沟通内容的准确性、通俗性和针对性，根据患者的年龄、职业、知识水平及社会背景的不同，尽量选择使用患者易于理解、接受的沟通方式和语言，从而避免理解分歧。

二、护际关系

（一）护际关系的概念

护际关系是指在护理实践中，以护士这个特殊群体为中心，与其他医疗相关人员之间所发生的关系，包括护护关系，护医关系，护技关系，护理人员与医院行政、后勤人员之间的关系，护理人员与社会公共关系。

（二）影响护际关系的因素

1. 护士与护士长之间　护士长与护士的人际交往过程中，护士长希望护士能很好地执行自己的工作安排，妥善平衡自己的家庭、生活和学习，顺利完成各项护理工作任务；护士则希望护士长能有过硬的专业知识和临床实践经验、良好的管理能力和工作方法，多给下属以指导和帮助。

2. 新、老护士之间　年轻护士大多学历较高、反应敏捷，但缺乏工作经验；年长护士大多爱岗敬业、经验丰富，一心扑在工作上，两者之间存在各方面的差异，如果双方缺乏理解，就会相互指责、排斥，导致人际关系紧张。

3. 护士与护士之间　护士之间的矛盾突出表现在工作上的推卸责任和相互妒忌。护士之间可能会因为逃避责任而互相推脱，由此产生的误解和矛盾会导致护士之间相互记恨和仇视。这些现象不但妨碍个人进步，影响护士之间的和睦相处，还会破坏整个护理集体的团结。

4. 护士与实习护生之间　护士与实习护生既是师徒关系，今后也是同行甚至是同事关系，一般容易建立融洽的人际关系，但是有时也会造成人际关系的紧张。个别带教护士对接受能力差的护生态度冷淡，不耐心指导，批评指责较多，操作不放手，使实习护生产生不满心理，失去学习的信心，从而产生矛盾。

5. 护士与护工之间　护理人员与护工之间由于知识水平、工作内容、职责分工等不同，往往存在不同的心理状态，导致各种矛盾的出现，使工作中时常出现一些不必要的争吵或不协调的现象。

（三）建立良好护际关系的策略

1. 彼此尊重，相互理解　护士之间要相互理解、相互尊重。护士长要以身作则，对待下属一视同仁，加强人性化管理。年长的护士要帮助年轻护士进步，年轻护士要尊重年长护士，虚心求教，共同创造良好的氛围。

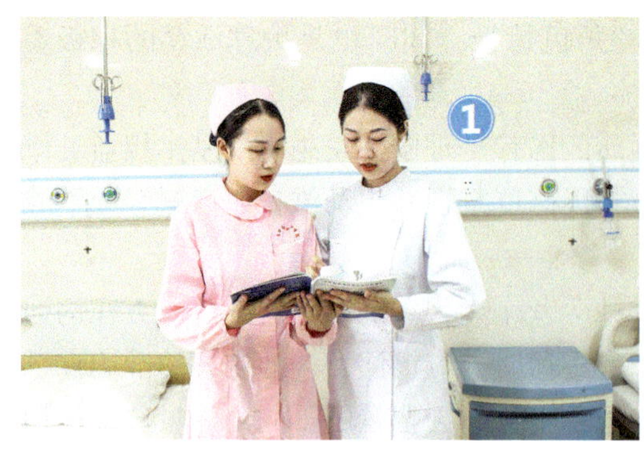

图 8-2　良好护际关系

2. 团结协作，紧密配合　护理工作需要多名护士共同分工协作完成，护士们要以促进患者健康为目的，护士长需要了解各个护士的情况，合理分工和排班，使整个团队更具有凝聚力和向心力。

3. 明确分工，各尽其职　合理的分工是工作有序进行的重要保证，不同分工的护士要按照自己的分工和职责，恪尽职守，才能形成协调一致的护理群体，提高整体的护理质量（图 8-2）。

三、医护关系

（一）医护关系的概念

医护关系是在对患者的医疗和护理过程中建立起来的人际关系，是医疗卫生保健工作队伍中比例最大的两支基本力量。因此，医护关系尤为重要，两者相互依存、相互协作、相互制约，良好的医护关系是医疗护理质量的重要保障。

（二）影响医护关系的主要因素

考点
影响医护关系的主要因素

1. 角色心理差位　在为患者提供健康服务的过程中，医生和护士各有专业领域和业务优势，双方只是职责分工不同，应该是一种平等合作关系，但受传统主导－从属型医护关系模式的影响，部分医生把自己放在主导地位，在诊疗过程中对护士冷言冷语；同时，也有部分高学历的年轻护士或年资高、经验丰富的老护士不尊重低年资医生，这些最终都会影响医护关系的建立与发展。

2. 角色压力过重　是指在医疗活动中，医护双方都处于较重的压力负荷状态。一些医院由于受“重医轻护”观念的影响，医护人员比例严重失调。

3. 角色权利争议　是指医护人员按照分工，在自己的职责范围内享有一定的专业自主权。但在某些情况下，医护人员可能会感觉自主权受到侵犯，因而产生矛盾或冲突。

4. 角色理解不同　医疗和护理分属不同专业和不同学科体系，因此医护双方对彼此的专业特点、工作模式和要求缺乏必要的了解和尊重。

（三）建立良好医护关系的策略

1. 真诚合作、互相配合　医护双方应该是相互尊重、相互支持、真诚合作的关系，该合作的实现在于医生和护理人员双方面的磨合、相互理解、减少抱怨和指责。在工作中真诚合作，共同为医疗安全负责。

2. 关心体贴、互相理解　医护双方要理解对方的工作特点，分清医疗、护理过程中的责任，不仅要做到尊重对方的人格，更要增强对对方的信赖。作为合作者，在发现对方有困难的时候，应该在力所能及的范围内给予真诚的关心与帮助。

3. 互相支持、共同提高　由于护理工作的特性，护理人员可以利用自己接触患者机会多、观察患者比较细微的优势，及时对诊疗工作提供信息和建议，甚至及时发现医疗上的差错。医生也要做到尊重护士的工作和劳动成果，同时也应学习护理知识，取长补短，切忌故步自封、自以为是。

4. 医院制度保证 医护沟通与交流除个别进行外，医院应用制度加以保证，把医护工作放在同等重要的位置，这样做既可体现护士的工作成绩，提高护士的地位，又可使护士得到锻炼与提高。

5. 政策支持 采取多种方式加强医护合作。国家应完善相关的护理法规，以法律法规的形式明确护士的权利、义务和执业规则，加强护士执业准入管理和护士队伍建设，为促进护理专业发展提供保障。

第 2 节 护理工作中的语言沟通

案例 8-2

患者，男，40 岁，工程师，2016 年 1 月因发热、四肢抽搐伴意识丧失住院，诊断为病毒性脑炎、继发性癫痫，2017 年再次出现发热抽搐，2018 年 12 月 1 日又出现发热，患者担心再次抽搐入院。

护士："李工程师，你好，对我还有印象吗？"

患者："记得，小程啊，上次住院时你还帮过我忙呢，心里很感谢你呢，这次我又发烧了。"

护士："是吗（同情），巧了，这次我又是你的管床护士。"

患者："是吗？又给你添麻烦了。"

护士："不客气，这次还像上次一样要了解一下你的基本资料。"

患者："好的。"

护士："这次谁在医院陪你？"

患者："还是我爱人。"

患者："我儿子还在读初三，课程紧，我这一住院，他在家还要奶奶帮着照顾。"

护士："您放心，还好这次没抽搐，先检查看看，你先不要着急，安心住下来，等检查结果出来再看。"

患者："好的。"

问题：1. 该护士为何能安抚患者情绪？

2. 该护士运用了什么沟通技巧？

一、护患语言沟通原则

考点 护患语言沟通原则

1. 尊重性原则 被尊重是人的本质需要，人们渴望被肯定，受到称赞。我们要学会尊重差异，不要马上就否定对方的观点，要抱着谦虚的态度。俗话说，智者千虑，必有一失。何况我们普通人。

2. 理解的原则 沟通不仅是信息的传递，更是对信息的理解和把握，准确地理解信息的意义才是良好的沟通。促进理解的最佳方式是站在对方的角度看问题。多站在对方的立场上考虑问题，还会避免很多误解和摩擦，也容易达成共识。从伦理学的角度看，这是一种善良的品德，是一种关爱他人、与人为善、高尚的处世方式。

3. 赞美的原则　包括以下几点：①赞美出自真诚。②赞美应有独到之处。③赞美要找准时机。④针对对方的特点进行赞美。⑤赞美显得自然。⑥背后赞美。⑦沉默也是一种赞美。

4. 真诚的原则　崇尚真诚是时代的主旋律。在沟通中我们更应该坚持真诚。沟通最基本的心理保证是安全感，没有安全感的沟通是难以发展的。用真诚去沟通，会得到意想不到的效果，没有什么比真诚更能打动人。

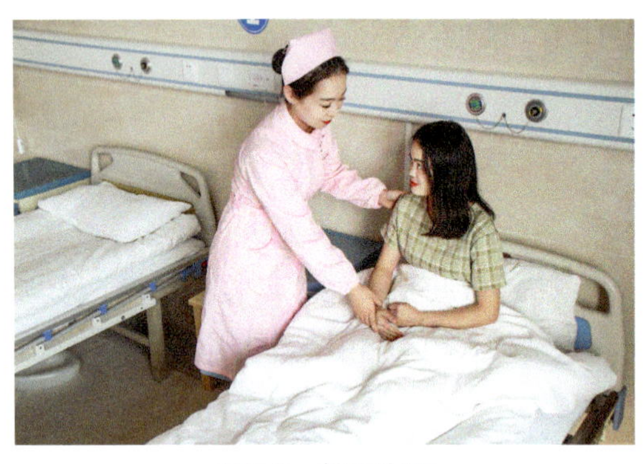

图 8-3　护患沟通

5. 宽容的原则　宽容是一种人生境界。当我们有不同于别人的观点或做法的时候，应该学会尊重别人的选择，给予别人自由思考和选择的权利。

6. 互动的原则　共享说话权利是互动的前提，共同支配时间对沟通尤为重要。说者尽可能言简意赅，给别人时间，听他人的意见，既是对对方的尊重，也会让你有所收获（图 8-3）。

二、护患语言沟通技巧

考点
护患语言沟通技巧

（一）倾听

如果护士想与患者有一场很愉快的交谈，就需要护士是一个很好的交谈者，既要有说话的技巧，也要有倾听的技巧。护士在倾听过程中需要注意这几点：明确的交谈目的、减少外界干扰、适当的目光接触、合适的姿势与距离、适时反馈、慎重判断、耐心倾听和综合信息。

（二）核实

护士为保证收集信息的准确性，需要对信息进行核实，既可以使患者感到自己被重视，又可以确保信息的准确性。核实过程由三部分构成：重述、改述、澄清。

（三）提问

为确保交谈围绕主题持续进行，护士需要对患者的谈话内容进行一些提问。提问分为开放式提问和封闭式提问。开放式提问是指所问问题的回答没有限定的范围，患者可根据自我感受、认知、态度、价值观进行自由回答，护士可从中了解更多的信息；封闭式提问对问题的回答有限定范围，如“是”“不是”“理解”“不理解”等。

（四）回应

医护人员与患者的沟通传递了当时特定环境下的需要及信息。医护人员一定要对患者所表现出来的语言或非语言信息及时做出反应。回应的方法包括思维同步、不要急于下结论、语言具体明确和不做虚假保证阐释。

（五）阐释

阐释即解释。患者在检查、治疗前会表现出焦虑、恐惧、不安的感觉。此时医护人员应该运用阐释技巧解答患者的各种疑问；阐释的基本原则包括尽可能全面地了解患者的基本情况；用通俗易懂的语言向患者解释；语气尽量委婉；整个过程使患者感到被尊重和关怀。

（六）移情

护士设身处地地为患者着想，理解患者的感受。疾病压力、经济压力和家庭压力会使患者有一系列的心理及行为表现，如情绪易激动，对周围的一切很敏感，也常从护士的言语、行为及面部表情等来猜测自己的病情及预后。如果护士能理解患者的感受，尽可能地从患者的角度出发去理解患者的处境，会减少患者的恐惧和焦虑。

（七）沉默

沉默是一种超越语言力量的沟通方式，能起到“此时无声胜有声”的作用，符合时机的沉默可以促进沟通。

三、治疗性沟通

（一）治疗性沟通的定义

考点 治疗性沟通的定义和类型

治疗性沟通有狭义和广义之分。

狭义的治疗性沟通是指护患之间、护士之间、护士与医生及其他医务人员之间，围绕患者的治疗问题及能对治疗起积极作用的问题所进行的信息传递和理解。

广义的治疗性沟通是指能在一定程度上解决患者某些生物、心理、精神、社会和环境等健康相关问题的护患之间的沟通和交谈。

（二）治疗性沟通的类型

1. 指导性沟通　由护士解答患者提出的问题，或者是护士围绕患者的病情阐明观点、说明病因、解释与治疗护理有关的注意事项及措施等。

2. 非指导性沟通　患者在护士的支持和促进下，运用自身潜能找出问题、面对并解决问题。

（三）治疗性沟通的步骤

1. 准备与计划阶段　包括了解患者的基本情况，明确交流目的和内容，制订交流的提纲，提供适于交流的环境。

2. 沟通开始阶段　应尊重患者，有礼貌地称呼患者，主动介绍自己，并说明交谈的目的及所需时间，协助患者取舒适的体位。

3. 沟通进行阶段　应以患者为中心，鼓励患者交谈。指导性交流技巧：患者向护士寻求指导，护士给予患者专业知识、经验的指导及帮助等。非指导性交流技巧：患者在护士的支持和促进下，运用自身潜能找出、面对并解决问题。提出问题时，护士应多使用开放式提问。但应注意一次只提一个问题，并尽量使用患者能理解的语言，问题应简单、明确。

4. 沟通结束阶段　在沟通结束时应注意：①根据实际情况和预期计划控制结束时间，结束时不提新问题。②简单总结交流内容，核实记录的准确性。③预约下次交流的时间和内容。④对患者表示感谢。

5. 沟通评价阶段　在沟通结束后应及时进行评价，采用量表评估护患沟通是否有效，及时总结沟通过程中的不足，并使接下来的沟通更加完善。

第3节 护士与特殊人群的沟通

案例 8-3

患者小汪，未婚女性，患恶性肿瘤住院，男友特地从外地赶来探望，想在病床旁陪伴一个晚上。值班护士小赵认为没有留陪护的医嘱，按照医院的陪护管理制度，执意要求患者男友离开了病房。患者男友很不理解，认为自己在患者身边陪伴一晚，能给患者带来心理上的安慰，又不会对病房造成大的影响，便投诉到了医院办公室。

问题：1. 你认为患者家属的陪护要求合理吗？为什么？

2. 护士应如何处理好与患者家属的关系？

一、与患者家属的沟通

（一）患者家属的角色特征

1. 患者原有家庭角色功能的替代者 患者患病前，在家庭中都承担着一个以上相对固定的角色，一旦患病，会丧失或部分丧失承担家庭角色的功能，如果家庭中其他成员能够迅速承担患者原有的角色功能，对于患者尽快进入患者角色、安心治疗是很有帮助的。

2. 患者的心理支持者 患者家属与患者长期一起生活，对患者的生活习惯和心理症结最为了解，是为患者提供心理支持的最合适人选。亲属的心理支持对于患者的康复非常重要，是医护人员所无法替代的。

3. 患者生活的照顾者 由于疾病的影响，患者生活自理能力会不同程度地下降或丧失，需要有人照顾，出于亲属之间的亲情，患者从心理上更愿意接受家属提供的照顾，因此患者家属会承担起照顾患者的责任，周到贴心地帮助患者走出困境。

4. 患者疾病的共同承受者 疾病不仅给患者带来许多痛苦，同时也会给患者家属带来痛苦的心理、生活等多重压力，尤其是那些危重症或绝症患者的家属，患者家属承担的压力有时甚至超过患者。

5. 患者治疗护理过程的参与者 治疗护理的过程需要患者的密切配合，但对于一些意识不清或参与能力受限的患者，其家属就成为患者治疗康复的帮助者和参与者。因此，护理人员应积极调动患者家属配合的积极性，共同制订患者护理康复计划并协助完成护理计划的实施。

（二）护士与患者家属沟通中的角色作用

1. 热情接待者 护士在与患者家属进行沟通的过程中起着主导作用。患者家属来医院探视，在接待过程中，护士应主动热情迎接，为患者家属介绍医院的环境及规章制度，并交代清楚探视的注意事项，给予必要的指导帮助，使患者家属感到被接纳尊重，对护士和医院产生亲切、信赖感，主动与护士一起承担照顾患者的义务（图 8-4）。

2. 耐心解答者　家属因为关心患者病情的进展，会向护士提出一系列问题，护士也应该运用所掌握的专业知识，及时耐心地解答家属的各种疑问，从而促进良好护患关系的建立和发展。

图 8-4　热情接待者

3. 主动介绍者　患者家属希望及时了解患者的病情及相关治疗护理情况，护理计划的制订和实施也需要得到患者家属的支持。护士应主动及时地向家属介绍患者的诊疗及预后情况，并根据患者病情及家属经济能力等给予合理化建议，使他们心中有数，以减轻紧张、焦虑情绪。当患者病情恶化或病危时，护士更应及时向患者家属通报情况，表达医护人员的关心和支持，取得患者家属的信任和理解，提前做好安排，避免发生矛盾冲突。

4. 积极帮助者　患者住院后，家庭成员的角色功能不得不重新调整。护士应主动了解家属的困难，帮助患者家属减轻心理负担，树立信心，正确认识和积极面对疾病，共同稳定患者的情绪，并主动为他们提供必要的帮助和心理支持，和他们一起商量解决的办法。

5. 参与指导者　患者家属有参与护理过程、照顾患者的愿望，护士应及时主动地与患者家属进行沟通，全面评估患者家属的沟通能力，指导他们帮助患者治疗和休养，耐心解答家属的疑问，与他们一起制订患者的康复计划。

二、与特殊患者的沟通

（一）与儿童的沟通

1. 护士与儿童患者沟通应具备的条件

（1）强烈的责任感：患儿年龄较小，认知和表达能力较弱，护士必须具有强烈的责任感和保护意识。不但要照顾他们的生活，还要启发他们的思维，与他们进行有效的沟通，以取得信任，建立良好的护患关系。

（2）爱护与尊重：患儿的康复不仅需要治疗和护理，更需要精神交流。需要护士性格开朗活泼，具有童心与爱心，了解童趣、懂得尊重、一视同仁、言而有信，这样才能建立起平等友好的护患关系。

（3）丰富知识与技能：每个人的儿童时期都有丰富的好奇心及对知识的渴望，护士丰富的知识素养、娴熟的护理技术都可以为顺利与患儿沟通奠定基础。

（4）重视与家属的沟通：儿科护士要不断与患儿及家属交流信息以进行有效的沟通，这样才能全面了解患儿的生理、心理和社会情况，争取让家属积极主动配合护理工作的开展和疾病的预防。

2. 与儿童患者的语言沟通技巧

（1）通过家属与患儿进行有效沟通：鼓励患儿自己做介绍或提出疑问，避免家属全部代替表达，挫伤儿童的积极性；要让家属了解疾病的发展过程、治疗中需要进行的配合，不能忽视家属的心理疏导，要防止家属的消极情绪传染给患儿。

（2）使用鼓励性语言：由于患儿年龄小，害怕陌生人，害怕疼痛，在治疗护理过程中往往不配合，护士在交流时应语气平和，沟通前多采用鼓励、表扬的方式，以缓和患儿的紧张情绪。与患儿沟通也要使用恰当的称呼，给患儿及家属亲切感和信任感。

（3）注意副语言效果：掌握谈话时声音的技巧，注意语气、顿挫、声调、音量、速度，以促进沟通顺利进行。稍慢的速度、适当的音量、亲切的语气能引起儿童的注意与反应，同时在谈话中稍加停顿，给儿童理顺思路的时间。在交谈过程中，可将身体下蹲，保持和儿童相似的高度，以利于平等交流。

（4）使用适当的沟通方式：儿童在不同的年龄阶段和不同的病情状态下，对患病的反应也不一样，护理人员要区分不同情况，进行有效的沟通，建立良好的护患关系。

3. 与儿童患者的非语言沟通技巧

（1）亲切和蔼的表情：在非语言沟通中，无论采用何种方式，亲切和蔼的情感表达都是必不可少的。这有助于儿童消除紧张情绪，增加交流的主动性。在与患儿沟通时，要保持良好的情绪，除特殊需要，一般不要戴口罩，以使患儿经常能见到护士的微笑，缩短双方感情上的距离。

（2）认真倾听，仔细观察：婴幼儿发病急，变化快，不会用语言表达病情，只能以哭闹的形式表现出来，因而哭闹往往成为疾病发生和变化的早期征兆。这就要求护理人员细心地观察，耐心地倾听，善于从细微变化中发现问题。此外，儿童的语言表达能力较差，有时出现叙述不清、语句不连贯等情况，因此在认真倾听的基础上，要加以分析，了解其中的含义，不随意打断儿童的谈话，只在交谈中适时帮助儿童修正词句，澄清事实，以获得准确的资料。

（3）游戏沟通：儿童时期的生活中重要的、不可缺少的活动是游戏，所有儿童都有参加不同类型游戏活动的要求，因此与儿童沟通最重要、最有效的方式就是游戏。通过游戏，护士可以评估儿童的认知能力、生理和心理健康状况，从而进行相关的干预和评价。

（4）用心沟通：疾病是医务人员和患者共同的敌人，只有双方密切配合才能驱除疾病，恢复健康。作为一名护理人员，在与患儿及家属沟通时更需做到用心沟通，要有父母般的关心、爱心、细心、责任心、同情心，使患儿从内心深处认可，愿与护理人员真心沟通。所以用心是一种无形的极为有效的沟通技巧，它在进一步沟通中起着不可估量的作用。

4. 与患儿家属的沟通技巧 与患儿的沟通通常需要家属协助完成，通过与家属的沟通可获得儿童大部分信息。儿童患病住院时，家属常有内疚、苦恼、焦虑的心理，担心疾病的转归和预后。孩子的病痛、工作的压力等均加重了家属的身心负担，他们往往表现为极度担忧，甚至产生愤怒情绪。护士应理解家属的心理反应，在与家属沟通时，可采用适当的沉默、倾听、观察、尊重、移情等方法，充分理解家属，帮助家属缓解紧张、焦虑的情绪。

（二）与急危重症患者的沟通

1. 与急危重症患者沟通的原则

（1）避免在患者面前谈论病情：在与意识清醒的危重患者沟通时，安慰和鼓励可使用“善意的谎言”，消除其焦虑情绪。与患者家属沟通时，谨记“护士不能完全代替患者家属满足患者对情感的需求”这一原则，发挥家属的独特作用，探视前护士可指导患者家属不要在患者面前流露出悲伤情绪，沟通时应强调在患者面前保持镇定的重要性，不对患者讲一些不利于疾病康复的话。

（2）面对家属质疑和愤怒时的原则：对于家属质疑，医护人员应该真诚地表示理解，释疑解答，满足其知情权。要诚恳地与家属共同商讨患者的病情、病程及实施的治疗方案。

（3）消解患者的不良情绪：不良情绪是指患者对急危重症刺激所产生的过度体验，包括焦虑、愤怒、沮丧、痛苦、忧郁等情绪。不良情绪的危害是很严重的，当心情出现波动和异常的时候，很容易造成病情加重，极大地影响正常的治疗与康复。情绪失控还将造成各种并发症，危及患者健康与生命。要传授患者调节不良情绪的方法。

2. 与急危重症患者沟通的技巧

（1）增强责任感：护理工作者在工作期间不说与治疗无关的事，不讲可能使患者误解或认为可加重病情的话。严格执行保护性医疗制度，让患者以良好的心态安然度过手术全过程。抢救患者时应沉着冷静、动作敏捷，并以简明易懂的语言给予患者恰当的解释和安慰，切勿惊恐失措，以免增加患者的心理负担。各项操作要做到稳、准、轻、快，以增加患者对医务工作者的信任度。

（2）善于稳定患者情绪：当处置急危重症患者病情时，紧张、有序、良好的抢救现场氛围，医护人员认真严谨、训练有素、临危不惧、镇定自若的工作态度和作风等非语言沟通的因素，无形中可以起到使患者感觉趋好的心理暗示作用，使其高度紧张的心情放松，心态渐趋平静，从而较好地配合治疗。

（3）做好患者家属的思想工作：在抢救急危重症患者时，不应忽略患者家属的参与作用。首先，患者家属是急危重症患者的监护人，家属代理着患者的多项权利；其次，由于亲人的身份，患者家属会得到患者完全的信赖；最后，当患者情绪波动时，家属可发挥安抚的作用。因此，护理工作者应与患者家属保持良好的沟通状态，引导家属参与到抢救和治疗工作中，使其为安抚患者增加更多良性因素。

（4）应用非语言沟通技巧：非语言沟通指运用表情、身体动作、体态、语气、语态和人与人的空间距离等非语言信号进行的人际沟通。

（三）与精神病患者的沟通

1. 与精神病患者沟通和建立护患关系的原则

（1）要有耐心、爱心和诚心：由于精神病患者思维活动异常，谈话时经常偏离主题，而且沟通效率低。护士应具有特别的爱心，对患者态度要自然，语言亲切、平静、温和。生活上要给予患者积极的关注和周到的照顾，使患者感到护士值得信赖和尊敬。

（2）以患者为中心，一切为了患者：护患之间的关系是平等的，护士不要潜意识里把自己放在支配地位。尊重患者、把护患关系摆正是沟通的重要原则之一。在护理过程中不管患者表现如何，均应给予正常的礼遇，适当的称呼会使患者感受到人格的尊重和平等。

（3）宽容和接纳：作为精神科护士，绝不能拒绝患者，而要用爱心和宽容接纳患者。从患者的无理中看到合理的一面，理解同情患者，接受患者的异常行为，不歧视和嘲笑患者，尽职和真诚地帮助患者走出“迷茫”。

（4）协助患者维持希望，稳定情绪：护士要对患者负责，以一种乐观向上的态度与患者沟通，对他们产生积极正面的影响。通过沟通技巧理解患者的内心活动、情绪体验，同情、理解和接受他们的感受，营造一种能够让患者倾诉心中焦虑或恐惧的氛围。

（5）“不争论”原则：不与患者发生正面的争论，不用评论性的语言来表示赞同或反对，可求同存异地保留自己不同的意见。

（6）注意自我保护：把精神病患者当作正常人看待，但要保护自己的安全，特别是当患者病情发作时。

2. 与精神病患者沟通的技巧

（1）合理安排患者的生活，创造优美舒适的修养环境：创造与保持一个安全、舒适、整洁、安静的治疗环境，以满足住院患者的身心需要，这是护士的重要职责，也是有效沟通的前提条件。

（2）尊重患者，形成良好护患关系，提高沟通的效果：护士对精神病患者与其他患者应一视同仁，对患者实施人文关怀，尊重、理解患者，合理应对精神病患者出现的打骂行为，主动满足患者的合理需求。

（3）应以专注的表情，耐心地倾听患者讲述：由于精神病患者思维活动异常，常常使交流速度变慢，此时护士不应在患者面前表示出丝毫不满或不耐烦，而应做一个有效的聆听者，给予患者适当的劝慰，使其感受到护士的关爱，这将有利于患者消除警戒，增加患者对护士的信任和依赖。

（4）重视非语言沟通的作用：护士的仪表姿态，如表情、姿势、眼神、手势等，在沟通中有重要作用。有时在交谈中，适时的沉默可以给患者双方以思考的时间，让患者感到护士对他的接纳和陪伴。患者悲伤哭泣时，抚摸可使他感到同情和关心。

3. 做好家庭支持系统和社会支持系统的沟通工作　指导家属学习有关疾病知识及如何预防疾病复发的常识；指导家属学会简单的观察、识别、判断症状复发的方法，及时向家属讲解督促患者服药、监护患者行为变化的意义；教育家属要理解患者，不埋怨、不嫌弃、不刺激、不苛求患者，提高患者战胜疾病的信心和面对生活的勇气，以预防和减少病情的复发。

（四）与肿瘤患者的沟通

1. 掌握患者的心理特征，满足其合理需要　医护人员应做到态度和蔼可亲、行动干净利落、待人稳重、沉着热情、工作上认真、责任心强。这样可减少患者的焦虑和恐惧心理，使患者获得安全感和信任感，从而达到心理上的稳定，这对治疗可起到积极作用。

2. 注意沟通策略，巧妙告知病情　由于不同患者对相关问题的敏感性及接受能力不同，护理人员应对不同对象区别对待，有的可直言相告，有的需要含蓄委婉，有的暂不可相告，以避免增加患者不必要的精神负担。

3. 重视家属的作用　家属对患者的心理状态、性格行为、生活习惯最了解，对患者的关心和照顾在某种程度上是其他人所不能替代的。

4. 重视语言与非语言沟通的力量　疾病初起时要给患者较多的心理支持，正确引导其对疾病的认识。美好的语言可使患者感到温暖，增强其战胜疾病的信心和力量，从而产生药物所起不到的作用。

（五）与临终患者的沟通

1. 针对不同心理活动期的沟通技巧

（1）否认期的沟通：主要通过交谈予以心理疏导，尽力舒解患者痛苦绝望而紧张的心态，从环境因素对患者的影响考虑，尽量把临终病房布置得家庭化，使患者有住在家里的感觉，以减少其恐惧感，增加安全感。

（2）愤怒期的沟通：应鼓励其发泄，不冲突，但应制止过激行为，以防发生意外。宣泄情绪以后，要想办法帮助患者面对现实，正确认识疾病，了解死亡是人生命中的客观规律，通过与患者交流，使患者做到心中有数，在有限的时间里提高生活质量。

（3）协议期和忧郁期的沟通：此期患者积极配合治疗，因其抱有希望，试图改变命运、延长生命。护士要以高尚的情操、和善的态度、温柔的表情、自然的神态、稳重的举止、良好的医德对待临终患者，给予患者足够的心理支持和关怀，尽量解脱其精神负担，满足其心理要求。

（4）接受期的沟通：应尊重患者的意愿，不强迫交谈，继续对患者的关心，帮助实现其未了的心愿。做好基础护理，维护患者的生命尊严。

2. 常规的沟通技巧

（1）建立关系：要以诚恳的态度面对患者，话语要热情亲切，动作要轻柔体贴，让患者感到尊敬亲近、足够重视，由而感到安全、放心和信任，为后续的交往打下沟通和交流的基础。

（2）聆听：临终者喜欢谈及往事，护士应尽可能地尊敬他们，真诚地聆听。聆听是护士提供的最具同情心的礼物。

（3）触摸：是无声的亲肤式的语言，是极好的沟通方式。触摸是一种非常个体化的行为，对不同的人具有不同的含义。运用时要考虑临终者的性别、年龄、社会文化背景、当时情况及触摸形式的影响。

（4）保持适当的沉默：对于难以启齿的话题，由于职业身份和患者的依赖、信赖，护士不应也不必以权威的身份给出答案，可以不必正面回答，也可以顾左右而言他，让其存有一些希望。

（5）尽力满足患者合理的需求：面对患者可能提出的愤怒、苛责和种种要求，护士应予以解释及满足；了解他不满意的原因，努力为其创造清洁、安静、舒适的环境，减轻其肉体痛苦，慰藉其破碎的心灵。

三、处理护患冲突

（一）护患冲突的原因

1. 护士方面　护士工作态度不端正、专业思想不稳定、护士工作量超负荷、专业技术不熟练、专业知识贫乏、法制观念淡薄、忽视患者的合法权益等因素，都可能是护患冲突的原因。

2. 患者方面　患者文化层次、修养、素质的影响；疾病对患者的影响；患者对医疗收费不理解；患者及家属缺乏法律、医学知识；重医轻护等因素。

3. 其他方面　其他部门的工作缺陷、医院条件差等。

（二）护患冲突的防范和处理原则

1. 护患冲突的防范　培养防范意识；增强护患沟通；严格执行护理操作规程；加强业务培训，提高基本技能；培养良好的心理素质和处理问题的综合能力；宣传与普及医学基本知识；改善就医环境，提高患者满意度。

2. 护患冲突的处理原则　要换位思考、消除误会；与患者真诚相待，增强工作责任心；同时要建立和谐护患关系，能够迅速控制愤怒局面；注重患者的抱怨、注重语言修养、善用非语言沟通。

（三）护患冲突的防范措施

1. 具备高尚的职业道德情操　树立“以患者为中心，以健康为目标”的整体护理理念，关心、体贴、尊重患者，维护患者的基本权益。

2. 具备过硬的专业知识和操作水平　过硬的护理技术是建立良好护患关系的基础，患者通常会根据护士的技术强与不强，推断整个医院的护理质量高低，所以护理技术活动必须标准化、规范化、正规化，这样才能提高患者满意度。

3. 增加护士配置　增加护理人数，减少护士工作量，使护士有更多的时间与患者沟通。使得患者获得更高质量的护理，提高患者满意度。

4. 学习相关法律知识　护士应积极主动运用法律手段维护自己的合法权益，同时强化患者及家属的法律意识，建立文明就医行为。

5. 正确对待和处理好每次的护患冲突　正确看待患者提出的意见和建议，虚心改进工作，促进良好护患氛围的形成。

（四）护患冲突的处理技巧

1. 树立良好的形象　护士首次接触患者时，应以端庄的仪表形象、饱满的精神状态、良好的行为举止为患者留下美好的第一印象。

2. 倾听与安慰的沟通　认真、全神贯注地倾听患者讲话，使患者感受到被尊重，以体现对患者的关心之情。设身处地地从患者的角度理解疾病痛苦，及时安慰体贴患者，满足患者要求。

3. 机智友善、求同存异的沟通　面对患者的提问、责怪和抱怨时，护士要以机智的方法应对。当患者提出不同意见时，应尽量避免争执，寻找双方的共同出发点，使双方的利益达到最大化。

4. 与特殊患者的沟通　当遇到脾气暴躁的患者时，护士应保持冷静，倾听患者的感受，正确引导患者，找到最好的解决方法。当遇到病情危重的患者时，因患者机体处于极度虚弱状态，应减少交谈，多应用非语言沟通技巧，达到安抚患者身心的作用。

实践训练　护患沟通

主题：护患沟通		地点：教室	时间：2 课时	
目标：1. 掌握护患语言沟通的原则和技巧 2. 体验护患语言沟通在处理护患冲突中的运用				
活动名称	活动流程	学生准备 物品准备	注意事项	时间分配
观看视频	播放护士处理护患冲突方法演示的视频，并让大家找出技巧要点	收集护患冲突案例的视频	让学生观察视频细节，注意发现问题，找出沟通技巧	10 分钟
分组展示	1. 学生分为若干组，每组 5 ～ 6 人 2. 每组派人分别扮演患者和护士	推选一名主持人、一名护士、一名患者	节目展示约 60 分钟，每组分享 5 分钟	60 分钟
技能收获	1. 观众点评 2. 评选出优秀组 3. 教师讲解常见问题和注意事项	示范并录像	请学生认真记录并总结	10 分钟
活动小结	总结本次活动的表现			10 分钟

自测题

一、单选题

1. 影响治疗性沟通的因素不包括（　　）

A. 环境　　B. 组织

C. 个人　　D. 经济

2. 心理因素不包括（　　）

A. 个性　　B. 认知

C. 角色　　D. 价值观

3. 治疗性沟通的步骤不包括（　　）

A. 准备与计划阶段　　B. 沟通开始阶段

C. 沟通进行阶段　　D. 沟通反思阶段

4. 下列哪一项构成了护患关系的基础（　　）

A. 道德关系　　B. 技术关系

C. 利益关系　　D. 法律关系

二、简答题

1. 与临终患者沟通的常规沟通技巧有哪些？
2. 如何处理护患冲突？
3. 护患关系的基本模式有哪些？

（龚智逊）

第 9 章

人际沟通在医疗工作中的应用

第 1 节　门诊工作中的人际沟通

案例 9-1

患者："大夫，我得了糖尿病，太痛苦了，要治疗一辈子，听说还会出现失明、冠心病、肾衰竭等并发症，还不如不治。"

医生甲一边听患者诉说，一边翻阅病例，患者只好停止诉说，医生甲头也不抬地说："得了病自然会痛苦，如果不治更麻烦，你还是要坚持治疗。"

医生乙放下手中病例，注视着患者说："我能理解你的心情，不过只要坚持治疗，将血糖控制在正常范围内，并发症是完全可以避免的，通过治疗也可以获得正常人的生活质量。"

问题：1. 医生甲和医生乙与患者的沟通过程有何不同？

2. 如何认识临床专业知识对于医患沟通的意义？

3. 假如你是一名医生，你如何与患者进行沟通？

一、病史询问中的沟通技巧

考点　病史询问中的沟通技巧

具有丰富医学知识和临床经验的医护人员通过详细问诊，可以对许多疾病做出初步的诊断。问诊时，最好直接询问患者本人，家属做适当补充。当患者为婴儿、老年痴呆、精神障碍或昏迷等危重患者时，应向患者家属询问。在问诊中，医护人员应充分关爱、体贴患者，认真倾听患者的叙述，灵活运用各种沟通技巧，深入了解疾病的发生、发展、治疗经过、既往健康状况、家族史及患者思想状况，以获取充分、有临床价值的信息。

（一）病史询问的一般技巧

1. 热情接诊　与患者初次接触时，医护人员的态度、言行很重要。热情地接待患者会让患者减轻陌生感，使问诊在轻松和谐的氛围中进行，达到良好的沟通效果。例如，在接诊老年患者时，医护人员热情地询问："老大爷（老大娘），您累了吧，我先扶您坐下！"然后上前细心地搀扶老人。待老人坐下后，医护人员微笑着自我介绍："我姓×，今天我接诊，很高兴为您服务。"一系列的语言和动作让老人倍感亲切温暖，可为接下来的沟通打下良好基础。

2. 明晰主诉，渐次询问　主诉是患者感受最痛苦或最明显的症状和体征，也就是本次就诊最主要的原因。一般先用开放式交谈询问患者，如"您哪儿不舒服？""您哪儿不好受？""您怎么了？"等，如患者主诉胸痛，可继续询问："怎样的疼法？""胸痛多长时间了？”“每次疼多长时间？”“什么情况下疼痛可以加重或减轻？”“用药了吗？”“有效果吗？”问诊结束前再做一次开放式提问，以防遗漏，如“您说全了吗？哪方面忘了，想起来再告诉我。”这种询问方式对那些老年健忘患者和遗漏重要信息的患者来说，有利于事后进一步回忆和思考，从而获取更多细节。

医护人员围绕主诉展开提问，在每次得到确切回答后再提下面的问题，不要急于催促或转换话题，要给患者足够的思考时间。提问时语速要慢，尽量用通俗易懂的语言。询问中还要注意避免提示性的诱问。例如，“您活动时胸痛发作频繁吗？”“每次疼痛都向左肩、左前臂放射吗？”“含服硝酸甘油可以缓解吗？”“胸痛与进食有关吗？”这样的诱问容易误导患者，使收集的病史缺乏准确性。以上问题应该这样提问，“您什么时候胸痛容易发作？”“每次胸痛时其他地方疼痛吗？”“什么情况下胸痛可以消失？”当患者不善于表达时，要循循善诱；当患者滔滔不绝离题太远时，也不要急于打断，而是插问患者叙述的相关症状，将话题引回到主题上。

3. 确定症状的先后顺序　问清症状首发的确切时间和演变过程。当患者叙述多个症状时，必须确定其先后的顺序。虽然询问病史时不必严格按照症状出现的先后提问，但主诉和现病史应按时间顺序写出。例如，医生对一名老年胸痛患者的主诉与现病史书写如下：“间断性胸骨后疼痛5年，复发并加重1小时就诊。5年前，患者首次于活动时出现胸痛，几分钟后胸痛消失，之后胸痛间断性发作，诊断为心绞痛。1小时前胸骨后疼痛再次发作，伴冷汗、头晕、心悸，胸痛向左肩部放射”。症状的先后顺序能准确反映疾病的发生、发展过程，从而为疾病的诊断提供重要的依据。

（二）病史询问的核实技巧

医护人员对患者在病史陈述中不完整或有疑问的地方，应采用核实技巧加以校对。方法如下所示。

1. 重述认证　医护人员把患者的叙述简要复述一遍，常用句式“……是吧？”“……是吗？”“……对吧？”。举例如下。

患者：“我心口窝疼三天了，饿的时候疼得厉害，吃完饭就不疼了，每次都是这样……”

医生：“哦，您刚才说的心口窝是哪里呢？”

患者（用手摸着剑突下）：“是这里。”

医生（用手摸着患者剑突下）：“哦，是这儿疼，对吧？”

患者：“对的。”

医生：“哦，是上腹部。那么，是饿的时候上腹部疼得厉害，是吗？”

患者：“是的。”

医生：“每次都是吃完饭就不疼了，对吧？”

患者：“对的。”

2. 改述求证　医护人员重新组织语言将患者表达不是很明确的地方再说一遍，但基本意思不变。举例如下。

患者：“我昨晚一宿没有睡好，不知咋的，肚子开始疼，吃了药也没好。”

医生：“哦，您是说没睡好是因为肚子疼，是吧？”

患者："是的，肚子疼才没睡好，平时睡得挺好的。"

医生："那您是吃了什么药呢？"

患者："是吃了管肚子疼的药。"

医生："想一想，吃的是哪类药呢？"

患者："吃的是管胃炎的药。"

医生："哦，那您说的肚子疼是哪个部位呢？"

患者（用手指着左上腹部）："是这里。"

医生（用手摸着左上腹部区域）："哦，是这个部位疼吗？"

患者："是的。"

3. 澄清确定 医护人员对患者表达不清或不完整的话提出疑问，以获得确切信息。澄清可以确定信息的准确性。为了核实资料，同样的问题需多问几次，但应对患者做好解释，以免引起患者误解。可运用以下一些说法："您说的是不是这个意思……""您是要告诉我……吧。""您的意思是不是说……""我没太听清，请您再说一下，好吗？"举例如下。

患者："大夫，我一个月前患过肾炎，当时发热、寒颤、排尿次数多、尿里有血、尿痛、排尿困难……"

医生："哦，我没太听清，您是说得了'肾炎'吗？"

患者："是啊。"

医生："哦，我向您解释一下，医学上讲的肾炎是指肾小球肾炎，有水肿、高血压、蛋白尿……而肾盂肾炎是指尿路感染，才有您刚才说的那些症状。您回忆一下大夫当时是怎么跟您说的。"

患者："大夫说是什么部位感染……"

医生："您想一下，都用什么药了？"

患者："大夫说用消炎药就能治好……我想起来了，大夫说是肾盂的炎症。"

医生："哦，是这样，那我知道了，您一个月前患的是肾盂肾炎，而不是肾小球肾炎，现在是肾盂肾炎复发了。"

患者："肾盂肾炎与肾小球肾炎不是一回事吗？复发了能治好吗？"

医生："这两个病是不一样的，只要再坚持用一段时间消炎药物，会治好的。"

患者："谢谢大夫。"

总之，核实是患者病情的客观真实描述或再现。当患者叙述不清或诊断与症状无相关性的时候，仍需客观地加以澄清确定，以获取准确无误的病情信息。

（三）病史询问的言语技巧

1. 简洁明了 问诊时，医护人员应使用简洁、恰当的语言，且发音准确，吐字清晰，使患者能够听清，避免混淆。

2. 通俗语言 问诊时，医护人员要结合患者的年龄、性别、教育程度及文化背景，选用通俗化语言，避免使用专业术语，如"发绀""适应证""禁忌证""并发症""里急后重""阿 - 斯综合征"等。如果患者不能理解，就不能明确医护人员问的是什么，因而也就无法正确回答医护人员的询问。

3. 语速适中　问诊时，医护人员的语速要适中。患者就医时，本已顾虑重重，又进入到一个陌生的环境，其反应与思维都需要一个渐进的过程才能进入状态，有的会出现“文化休克”现象。医护人员语速过快，患者捕捉不到相应信息，回答问题时可能因忙于应付而缺乏准确性；语速过缓会让患者感到着急；不适当地停顿会使患者感到疑惑，误以为医护人员可能隐瞒了某些病情的真相。

4. 艺术风趣　医护人员艺术风趣的语言可使沉闷的气氛活跃起来，消除患者紧张忧虑的心理，减轻患者入院时的“文化休克”现象，使患者感到亲近而乐于与医护人员深入沟通。

链 接　文化休克

“文化休克”这个概念是 1958 年美国人类学家奥博格提出来的，又称文化震惊。文化休克是指生活在某一文化环境中的人初次进入到另一种文化环境(如进入不同民族、社会群体、地区甚至国家) 时所产生的思想混乱与精神紧张综合征。它表现为生理、心理、情感三方面的反应，常见的情绪有迷失、焦虑、排斥、恐惧、沮丧、绝望等。文化休克大致分为四个阶段：蜜月阶段、沮丧（或敌意）阶段、恢复调整阶段和适应阶段。

大量临床实践表明，患者住院时会产生一系列不适应、不习惯，甚至会产生恐惧心理，表现出典型的文化休克现象。文化休克现象是影响诊断治疗与护理的重要因素。

（四）病史询问的非语言技巧

考点　病史询问的非语言技巧

1. 仪表、举止　医护人员应着装整齐、洁净、仪表端庄、落落大方、表情自然、面带微笑。友善的举止有助于建立和谐的医患关系，赢得患者的信任，使患者感到亲切温暖。交谈时应采取前倾姿势以表示正认真倾听，恰当应用点头示意，显示能接受和理解患者所说的问题，并示意患者继续说下去。

2. 面部表情　医护人员面对诸多的患者及危重病情，一定要善于稳定自己的情绪，不要在面部表现出来。如果医护人员表现出惊慌、紧张和恐惧，患者往往会自发地将他们的表情与自己的病情好坏相联系；如果医护人员面部呈现出漠不关心的表情，疑难或危重患者就会感觉未被重视或未被关心。在焦虑的患者面前，医护人员的表情应轻松自然；在痛苦的患者面前，医护人员的表情应充满关心与同情；在危重患者面前，医护人员的表情要沉稳、专注，但不能微笑。与此同时，医护人员应当适时观察患者的面部表情变化，及时获得患者病情变化的信息。因而，医护人员观察患者面部表情的细微差别、及时判断患者的情绪变化是十分重要的。

3. 目光接触　眼睛是心灵的窗户。医护人员在问诊中应该运用友善的目光与患者交流感情。温情平和的目光可使患者消除顾虑；亲切关爱的目光可使患者感到温暖；镇定自若的目光可使危重患者获得安全感。

4. 身体触摸　触摸可以表达关心、体贴、鼓励、理解和支持。医护人员用手抚摸患者发热的额头，用手握住患者恐惧时发颤的双手，这些职业触摸会给予患者莫大的鼓舞和精神的支撑。但是患者对触摸的反应受性别、年龄、文化、修养等因素的影响，医护人员应审慎进行。例如，对年龄相仿的异性患者不适用触摸。触摸可以表达医护人员对患者的关爱与呵护。

二、沟通在体格检查中的应用

（一）在视诊（望诊）中的应用

医疗护理工作中，首先产生沟通的环节是视诊环节。医护人员可以通过仔细观察患者的面部表情和体态，为诊断疾病收集信息。患者痛苦、焦虑或疲惫的面容和表情，表明其正在忍受病痛的折磨，渴望尽快得到医护人员的帮助。某些疾病患者也会有特殊的表现，如心绞痛发作时，患者捂胸缓行或被迫停止活动，开始烦躁不安、出汗、紧张、恐惧，甚至有濒死感；急腹症患者常常弯腰捧腹，表情痛苦；破伤风患者常常被迫采取角弓反张位等。医护人员应该能在第一时间读出患者的面部表情和体态所传达的信息，见到诸如此类患者时，应该在第一时间对其病情做出判断，并积极与患者及其家属沟通，向其问明情况。视诊只是对患者病情的最初判断，因此在沟通时应注意不要用过于绝对的语言，可以说“我们怀疑这是……”“患者很可能得了……”“目前还不敢肯定，需要做进一步检查”等。同时也要通过安慰性话语对患者及家属进行安抚，使患者情绪保持稳定，避免加重病情，可使用“您别着急”“请别担心”“只要配合治疗，情况就会好转的”等话语。

（二）在嗅诊、触诊、叩诊、听诊中的应用

在运用嗅诊、触诊、叩诊、听诊方法进行体格检查前，应热情、简洁地向患者讲清楚检查的目的，鼓励患者配合检查。对特殊部位的检查要事先征求患者的同意，最好有其他医护人员在场或有家属陪同。

1. 嗅诊　在嗅诊过程中，医护人员可通过患者身上的气味获取疾病的有关信息，如“糖尿病酮症酸中毒”患者呼气中的烂苹果样气味，“有机磷中毒”患者的大蒜样气味，“尿毒症”患者发出的胺味，“腋臭”患者发出的狐臭味，“伤寒”患者发出的热面包气味等，这些特殊的气味能为诊断提供重要的线索。医护人员进行嗅诊时，要注意端正沟通的表情与态度，闻到异味不要皱眉，更不要用手遮捂口鼻，应保持平稳冷静并将产生气味的原因向患者说明，帮助患者正视疾病。

2. 触诊　检查时，医护人员的手要保持温暖、轻柔、整洁。触摸中适时观察患者的表情，并询问有无压痛感等，这样可以消除患者的精神和肌肉紧张，使检查能够顺利地进行。

3. 叩诊　叩诊操作应规范，用力要均匀适当。当检查部位范围较大或位置较深时，需要用中度以上的力量叩诊，此时要及时向患者说明，以取得患者的配合。当患者有叩击痛时，叩击力量应适当把控，以免引起患者的不适。

4. 听诊　进行听诊检查时，诊室要温暖、避风，以免患者由于肌束颤动而出现附加音。检查过程中，应根据病情和听诊的需要，叮嘱患者采取适当的体位。在气温低时，应将听诊器的胸件部位捂热后再行听诊，体现细微的关怀。

（三）注意事项

1. 检查的环境　医护人员在为患者进行体格检查时，应为其提供舒适、整洁、安静的环境。为保护好患者的隐私，应尽量避免暴露患者的身体，对敏感的女性患者最好用屏风遮挡，消除患者的疑虑和害羞心理，从而获得顺利沟通。

2. 距离和体态　在进行检查时，适当的距离、适宜的体态会有助于医护人员与患者的沟通。例如，检查患者肝脾时，让患者采取仰卧位，腿稍屈，腹肌尽量放松，医护人员则站在患者的右侧，面向患者，这样既有利于检查，又有利于观察患者的表情变化，能够更全面地获取病症信息。

第2节　病房工作中的人际沟通

案例 9-2

患者行肺部CT检查时，发现右肺上部有一个1.2cm×1.5cm的阴影。

医生（惊讶地）：“哎呀，你的右肺上部有一个挺大的病灶。”

患者（紧张地）：“要紧吗？给我好好看看。”

医生：“我看不太好，你咋不早来看呢？”

患者（焦急地）：“那怎么办呢？”

医生：“那得看手术效果了。”

患者（恐惧地）：“那您的意思，我得的是肺癌了？”

医生：“我看像，还很重……”

患者：“啊？……”（面色苍白、惊愕地瘫软在地上）

案例分析中，如果医生灵活地运用沟通技巧，情况就截然不同，如下所示。

医生：“您好，现在检查您的右肺上部有一个1.2cm×1.5cm的阴影。”

患者（紧张地）：“要紧吗？给我好好看看。”

医生（一边仔细阅片，一边耐心询问）：“以前有症状吗？”

患者：“感到有些疲乏，下午还发热。”

医生：“哦，肺上部阴影可见于几种情况，要结合临床表现综合判定，您回想一下还有别的症状吗？”

患者（想了想）：“晚上睡觉总是出汗……”

医生：“哦，这样看来应该问题不太大。可能是个结核……”

患者（放松地）：“我不怕结核，要是恶性的咋办呢？”

医生：“我看不太像恶性的，退一步说，如果是恶性的也不要紧，现在治疗方法那么多。我认识的刘×，手术后都10多年了，现在啥事儿都没有，别想太多了，治疗后随时来复查……”

患者：“那好，谢谢您大夫。”

问题：在与可疑严重病变的患者沟通时，医生应注意哪些问题？

患者在门诊初步诊断后需要进一步观察治疗时，将会转入病房接收系统的治疗与护理。在全新的医疗环境中，对疾病的猜疑、对治疗检查的畏惧、对住院环境的不适应、不知如何与医护人员或周围的患者相处等，一系列问题强烈地交织在一起，加之病痛的折磨，患者会显得格外焦虑与不安。此时的患者尤其需要医护人员的关心、体贴与呵护。医护人员耐心的话语、热情的微笑会让患者解除忧虑，情绪稳定地配合治疗。

一、接诊中的沟通技巧

（一）微笑服务

图 9-1 微笑服务

微笑是最好的语言，是人际沟通的润滑剂。医护人员的微笑源于人道主义精神和社会责任，是必不可少的。特别是初次接诊患者时，医护人员露出亲切、温馨的微笑，会给患者留下深刻的印象，这拉近了与患者的距离，也在某种程度上促进患者早日康复。所以医护人员大部分时间都要乐于微笑、善于微笑、勤于微笑，学会用温柔的微笑抚慰患者的心灵。但是，对于重症急诊、濒临危险的特殊患者，不能微笑（图 9-1）。

（二）礼貌称谓

面对患者，应礼貌称谓对方，如“老大爷”“老人家”等，而不能称呼“老头儿”“老家伙”等。

（三）真诚介绍

真诚介绍要表现出坦诚与谦逊，如（稍微俯下身子）“您好，大伯！我是您的责任护士小李，您有什么要求请尽管告诉我，我会全力帮助您的！”然后首先介绍上级医护人员，如主管护士、主治医师、主任、护士长等科室人员；其次介绍探视、陪护制度、饮食安排、病房设施的使用等。

（四）问候感受

要学会询问患者的感受，如“您感觉怎么样？”“您休息得好吗？”“您昨晚睡得好吗？”“房间的温度怎么样？”“您用过早餐了吗？”等。这会让患者感到你是一个很有爱心的人，愿意将心中的烦闷倾诉出来。

（五）关心照料

注意通过体贴的语言表达对患者的关心，如“今天突然变天，气温有点凉，多加点衣服，别着凉了。”“今天天气好，一会儿我陪您熟悉一下医院的环境吧。”

（六）恰当提问

在搜集住院患者资料时，一般用封闭式提问，如“您还头疼吗？”“您的家庭成员中有患糖尿病的吗？”等。要获得较多的病情信息，深入了解患者的想法、观点、感受时，一般用开放式提问，如“看来您有些不开心，什么事能告诉我吗？”“您对手术有什么想法吗？”等，医护人员要结合患者的自身情况恰当选用。

（七）耐心倾听

医护人员要把住院患者发出的信息进行全面的归纳、分析与理解，不仅要理解交谈的内容，还要理解其语调、表情、姿态等非语言行为所传递的信息。认真倾听可以表达“我很关注您的状况，愿意认真听下去并帮您解决问题”“您讲的内容我很感兴趣”等信息。患者也能感受到被尊重、关心和理解。倾听时要把握好与患者的距离和姿态，巧妙运用面部表情与目光接触，适时点头示意来表示在认真倾听，以表达关切、友好、善意的信息；倾听时尽量不要插话，更不能左顾右盼，漫不经心，要杜绝各种小动作，还要注意思考非语言行为所传递的信息，做到透过现象看本质。

（八）阐释明确

患者住院后，往往有许多疑虑需要医护人员解答，如“我得的是什么病？”“我的病要不要紧？”“我的病怎么治？”“这种病手术会好吗？”“我要注意些什么？”等问题。这就需要医护人员阐释明确，通俗易懂地传递病情信息，避免误解，使患者能正确认识和面对疾病。

阐释的技巧有以下几方面：①注意收集和整理与患者谈话时的基本信息。②对信息内容进行归纳、分析和理解。③阐释应因人而异，有针对性，通俗易懂，使患者易于理解。④患者可以选择性接受阐释的内容。⑤阐释委婉，不应带有强制性与说教性。⑥阐释应使患者感到亲切、可信、被尊重。

二、查房中的沟通技巧

在医疗护理工作中，三级查房制度是医疗的核心制度。医护人员通过每天的查房，有助于及时观察到反映患者病情变化、治疗反应、新的症状及体征、精神状态等的信息。通过详细询问患者治疗后的反应，仔细的体格检查，可以判断症状及体征的好转程度，从而确认诊断是否正确，治疗是否合理，进而为下一步的诊断与医疗护理提供依据。查房中的沟通应注意以下几方面。

（一）详细询问

如“感觉好些了吗？”“用药后感觉怎么样？”“手术刀口还疼吗？”“昨晚睡得好吗？”等等。

（二）细致体贴

观察患者的表情，判断其有何需求。例如，查体时可帮助患者变换体位、掖一下掉落的被褥等，以此增进感情的沟通。

（三）认真查体

医护人员要通过认真的查体来判断患者病情好转或恶化的程度，所以每天都要认真查体。应事先向患者阐明查体的目的，鼓励患者积极配合。查体时动作要轻，并注意观察患者表情的变化，将查体获得的好信息及时反馈给患者及家属，使患者及家属增添喜悦的心情；若查体获得的是不良的信息，应讲究策略地及时如实告知患者家属，以免患者产生不良的情绪及发生医患纠纷。

（四）确定诊断

患者入院后，一般要在三日内明确诊断。已明确诊断的，应在查房时及时告知患者及家属，这会让患者及家属从焦急的等待中稳定下来。当三日内尚未明确诊断时，一方面要说明情况并安慰患者；另一方面要及时请其他相关科室医生进行会诊，并完善后续的辅助检查。若有些诊断的结果患者难以接受，应该及时告知患者家属，并给予适当的安慰。告知患者的时间和方式由患者家属与医护人员共同协商而定。医护人员应该体谅患者的感受并充分尊重患者家属的决定。

（五）疗程告知

一般根据查房的结果，结合辅助检查，可以确定患者尚需的疗程，应将此信息告知患者及家属，使他们在医疗护理中有所期盼。此时医护人员应该用一些祝福的话，如“祝您早日康复！”“病一天天好起来了，真是太好了，您老真有福气呀！”这样的话语会让患者及家属十分欣慰。

（六）恰当鼓励

查房时面对康复中的患者，回想当初治疗的困难情况，可予以患者恰当的鼓励，如“您可真有毅力呀”“您真坚强啊”“大家都很佩服您”“现在一切都好了”等。激励患者进一步克服困难，早日康复出院。

三、诊断中的沟通技巧

诊断是医疗护理工作中的重要组成部分。医护人员为了达到诊疗的目的，不仅要具有精湛的医术，还要在诊断过程中恰当运用沟通技巧。一个有着娴熟的医疗技术并且充满爱心、同情心，又善于沟通的医护人员，给患者带来的不仅仅是疾病的康复，更重要的是其传递了人道主义的关爱和对生命的尊重，唤起了患者求生的渴望及与疾病斗争的顽强精神。

（一）尊重体贴，耐心解释

1. 尊重同情，树立“以健康为中心”的理念 医疗护理服务的对象除了患者，还包括个人、家庭、社会等多重维度。在诊断过程中，不仅要与患者沟通，还要重视其家属对患者病情恢复的影响。要充分尊重患者及家属，解释病情时要耐心细致、态度和蔼、举止端庄，使患者及家属均对病情有正确的认识。沟通时，要对患者抱有关切同情之心，时刻关注患者及家属的内心感受，并且根据不同文化背景和不同层次患者的特点选择恰当的语言，让患者及家属能够听懂、理解并产生亲切感、信任感、满意感。

2. 委婉告知，言出谨慎 在诊断初期进行沟通时，一定要留有余地。有些诊断（如癌症）是需要委婉告知的。对疑难病例做诊断时应出言谨慎，仔细斟酌字句，做到三思而后言，言之而缜密，不要断然下结论，特别是进行影像学检查时，切忌因某些形态改变就贸然下结论。

（二）周密思维，拟定诊断

医护人员对病史、体格检查、实验室等检查资料进行分析、评价和整理，结合掌握的医学知识和临床经验，进行周密的思维和判断，得出初步诊断。初步诊断带有主观臆断的成分，因此只能为疾病进行必要的治疗提供依据，为确立和修正诊断提供基础。要让患者明确初步诊断并非确定诊断，确定诊断的建立尚需病情演变、临床观察、特殊检查的实施、治疗效果的评价来予以确立。因此，应该通过耐心沟通使患者知道诊断是逐步深入的、渐进的。患者懂得了这些，才会把病程中出现的各种症状陆续反馈给医护人员，与医护人员共同配合，完成确定诊断。

（三）去伪存真，修正诊断

初步诊断是否正确，需要在临床实践中验证。医护人员要用学识和睿智洞察一切，如患者的病情变化和治疗状况、某些特殊检查的结果、患者的情绪变化及非语言符号提供的真实信息。这里单凭医护人员的观察是不够的，要通过沟通使患者能主动及时地提供病情演变的信息、治疗后的感受，这样才能随时发现问题、解决问题，以期早日修正诊断。可见，确定诊断离不开患者的密切配合。

（四）充满关爱，高质服务

患者患病时，身体和心灵都受到了创伤，所以患者更需要医护人员的关爱、沟通和交流。医护人员要用医学的、生理的、心理的、社会的、伦理的知识和良好的职业素养调整患者的不良状态，激发患者与病魔斗争的信心和勇气，共同战胜疾病。在日常工作中，要细心照料、关爱体贴、耐心指导，提供高质量的医疗护理服务，使患者能够早日康复。

第 3 节　治疗中的人际沟通

案例 9-3

张老师患反流性食管炎、冠心病入院，护士小李早上来发药。

护士小李：“张老师，早上好！今天感觉好些了吗？现在发的是胃动力药，能增加胃肠蠕动，减轻反流和胃胀，所以餐前半小时服用效果好。”

张老师（服完药）：“小李，大夫说口服药有两种，你落了一个药吧。”

护士小李微笑着说：“哦，您记得真清楚啊，是还有一种药，是治疗冠心病的，不过是每 8 小时服用一次，不能和这个药一起服用。放心，我一会儿就给您送来。您需在服药后半小时吃早餐，饭菜要清淡些，这样对消化有益。我一会儿再送药过来，您先休息吧。”

问题：护士小李与张老师的沟通过程运用了哪些沟通技巧？

一、治疗性沟通的原则

（一）目的性原则

治疗性沟通应针对医疗护理的相关问题进行沟通，如治疗目的、治疗方法、治疗效果、并发症、治疗中的注意事项、治疗疗程等。用专业知识辅以通俗易懂的词汇与患者沟通，使患者能很好地配合治疗。

（二）个性化原则

根据患者的年龄、职业、性别、文化程度、价值观、社会角色来确定沟通内容及方式，以达到预期的沟通效果。

（三）实事求是原则

对病情及治疗效果进行沟通时，一定要实事求是，既不要夸大治疗效果，也不要隐瞒可能出现的并发症与副作用。面对意志薄弱、情绪消沉的危重患者时，沟通一定要委婉，讲究方法与技巧，同时向患者家属解释、告知清楚实际的危重病情，从而使患者及家属都能从不同的角度面对并接受现实，以积极向上的心态最大程度地配合治疗。

（四）和谐医患关系原则

认真地倾听、耐心地解释、充满关爱的沟通会拉近医生与患者的距离。在接诊与治疗患者的全过程中都要体现人文关怀，创建和谐的沟通氛围，建立良好的医患、护患关系。

二、治疗性沟通的影响因素

在治疗性沟通中，医护人员虽然居主导地位，但沟通是双方的，任何一方说话过于生硬、简短或主观性很强，都会影响沟通的效果。影响治疗性沟通的因素有以下几方面。

（一）医护人员的职业素养与道德品质

医护人员良好的职业素养、礼仪及道德品质是沟通的前提和基础。良好的职业素养和道德品质会使医护人员以健康为中心，从患者的需求和利益出发，关爱和理解患者，促进医患、护患关系的和谐，取得良好的沟通效果。

（二）医护人员的专业素质

医护人员的专业水平如何、诊断治疗水平的高低、抢救治疗是否及时有效、护理措施是否全面得当等，都会影响治疗性沟通的效果。专业素质高，患者就会给予医护人员更多的信任，因而也就愿意与医护人员深入地沟通。

（三）医护人员的沟通技巧

医护人员每天都要接触各个层面的患者，良好的沟通会让患者心情愉悦地接受治疗与护理，从而早日康复。在沟通中恰当运用提问、核实、倾听、阐述等技巧，合理选择指导性语言、解释性语言等方式，可以增加患者与医护人员的情感，和谐医患、护患关系。例如，在患者没有进入沟通状态时，可以通过一些浅显的问题缓解患者紧张的心情，如“您是哪个地方人？”“您今天的气色不错！”等。如果不能合理运用沟通技巧，说话过于生硬、简短、傲慢、敷衍，或治疗过程中注意力不集中，不能很好地理解患者的心情，则会使患者产生抗拒心理，从而影响治疗。

（四）患者的个人经历和修养学识

患者的个人经历和修养学识均会对医患、护患沟通产生一定的影响。患病多年的患者对疾病和治疗会有更多的体会和感受，能够平静面对自己的病情。初次患病的患者则表现出焦虑、反感甚至抗拒心理，经常不能面对现实，容易对治疗失去信心，从而影响治疗效果。同样，文化程度较高的患者在沟通过程中理解能力较强，对医护人员的提问和建议能够很好地接受。文化程度较低的患者则对医护人员的表达能力、沟通能力要求更高，若医护人员不了解患者的差异性而同等对待，则会出现沟通的障碍。

三、治疗性沟通的技巧

治疗性沟通是依据病情变化与治疗操作反复进行的，其贯穿于医疗护理的全过程。医护人员应树立与患者及家属沟通的意识，在医疗护理工作中不断提高沟通的技能。只有掌握好治疗性沟通技巧，才能与患者建立起彼此信任的和谐关系，提供高质量的医疗护理服务，使患者达到理想的健康状态。

（一）医护人员操作中的人际沟通

1. 操作前的沟通

（1）亲切、礼貌地称呼患者，做好自我介绍，让患者放松，减轻不安与紧张的情绪。

（2）向患者简要讲述本次操作的目的和意义。

（3）简要讲解操作方法，操作中会有什么感觉，怎样可减轻不适的感觉。如果操作安全，应告知患者操作中不会产生危险，也不会出现并发症，以减轻患者焦虑不安的心理。

（4）真诚地向患者承诺，将用娴熟的技术尽快地完成操作，保持轻柔并最大限度地减轻患者的不适。告诉患者已成功做过多例这样的操作，不要担心和害怕。在征得患者的同意后再进行操作。

2. 操作中的沟通

（1）操作过程中询问患者有无不适，仔细观察患者面部的表情变化，对患者的感受予以重视，并视情况适当调整。

（2）使用安慰性语言，转移其注意力。

（3）使用赞扬、鼓励性的语言，增强患者的自信心。

3. 操作后的沟通

（1）询问患者的感觉，以及操作后有无不适。

（2）交代应注意的问题。

（3）有不适的感觉时，嘱其随时反馈给医护人员。

（4）感谢患者的配合，并询问有无其他不适。

（二）健康教育中的人际沟通

健康教育是通过有计划、有组织、有系统的教育活动，使人们愿意改变自身的不良健康行为和生活习惯，消除或减轻影响健康的危险因素，从而促进健康，提高生活质量。

医护人员可以根据门诊及各病区患者的特点，进行围绕疾病治疗和护理等方面的教育，包括对病区环境、规章制度、饮食及安全的教育；也可以对住院患者进行护理操作、术前准备、辅助检查须知等方面的健康教育；也可以对门诊和出院患者的复诊、功能锻炼、饮食指导等方面进行教育。健康教育中的沟通方法主要有以下几种。

1. 交谈讲解　医护人员可根据教育对象的情况与其直接交谈，或者对其提出的问题进行解答。

2. 图文讲解　面对一些复杂的问题和疾病，可通过宣传图片、画册等，对教育对象进行教育。例如，可以结合产科病区走廊张贴的纠正胎位不正的操作步骤图向产妇进行讲解。

3. 视听材料　可以向教育对象发放视频或通过广播、电视等多媒体形式进行健康教育，使教育手段更加丰富形象。

4. 模拟示范　医护人员可以通过示范教学让教育对象模拟学习，如新生儿的哺乳教育、对口腔疾病患者进行刷牙示范等。

第 4 节 医护人员与特殊患者及家属的沟通

案例 9-4

患者赵某，男，72 岁，退休工人，因急性心肌梗死入院。当天，患者家属来到医护办公室。

患者家属："大夫，我爸的病怎么样？"

医护人员："诊断是急性心肌梗死，病情很重。"

患者家属："能治好吗？"

医护人员："我们会尽全力的，现正在积极治疗观察当中。"

患者家属："我是问有没有把握。"

医护人员："哦，是这样，急性心肌梗死发病急，突发性强，危险性很高，如果梗死范围不进一步扩大、不出现并发症的话，应该是有希望的。"

患者家属："只是有希望，我们心里还是没底。转院行吗？"

医护人员："我很理解您的心情，这病是不适合转院的，因为转院途中老人的危险性会更大。"

患者家属："转院、不转院都危险，这可怎么办呢？您帮我拿一下主意，我们还是想转院……"

医护人员："转院与否，最终还是由你们家属决定，我们希望老人的危险能够降到最低。"

患者家属："我们还是转院吧，能帮助护送吗？"

医护人员："首先转院是不适合的，那样危险性会更高。如果决定转院的话，要签转院申请单，我们会全力护送的。如果不转院我们也会全力抢救的，请您权衡利弊，谨慎决定。"

问题：医护人员与患者赵某家属有效的沟通因素有哪些？

一、医护人员与老年患者的沟通

老年患者是医疗护理的特殊对象，在与老年患者沟通时，要充分把握其自身特点，巧妙运用各种沟通技巧，使沟通能够顺利进行。

（一）老年患者特点

1. 信息接受速度减慢 随着老年患者形态变化及机体功能的减退，神经运动功能也会出现迟缓，其对信息进行编码和译码的速度也会减慢，导致对医护人员的沟通语言理解缓慢，从而影响沟通的效果。

2. 记忆力衰退 在人衰老的过程中，脑功能也会自然衰退，常会出现记忆力减退、精神和躯体容易疲劳等表现。记忆力减退时，人对近事记忆减退明显，对远事记忆相对较好，因此老年人在沟通时，经常会存在思维突然中断，或反复叙述与病情不相关的陈年旧事，从而阻碍沟通的顺利进行。

3. 性格变化 当人进入老年阶段，性格弹性会明显减退。因此，老年人会保持常年形成的固有生活作风和习惯，并且固执己见，不会轻易接受新鲜事物和他人建议，经常以自我为中心、傲慢、自尊，患病后难以正确认识和适应现状。

4. 情绪变化 老年人正处在人生的低谷，社会地位、金钱、健康等要素均在逐渐丧失，这些会使其产生心理落差，从而刺激他们的神经和心理，使他们的情绪敏感多变，如说话开始絮叨、经常有空虚感和孤独感等。

链 接 以二十大精神为引领，做好养老医疗服务工作

“实施积极应对人口老龄化国家战略，发展养老事业和养老产业，优化孤寡老人服务，推动实现全体老年人享有基本养老服务。”我国已逐步进入老龄化社会，老年患者日益增多，医护人员应根据老年患者的生理、心理等特点，掌握相应的沟通技巧，才能取得更好的沟通效果，为老年人提供更好的医疗服务。

（二）医护人员与老年患者沟通的途径与方法

考点 与老年患者沟通的途径与方法

1. 重视沟通语言的设计

（1）恰当选择口头语言：在与老年患者进行口头语言沟通时，应尽量选择通俗易懂的语言，重点内容应反复强调，并且要避免碰触老人心里的痛处。例如，面对记忆力不好的老人，不要问“您还记得我吗？”以免老人质疑自己的记忆力，可以对其说，“我又来看您了”，使老人有一种被重视的感觉。

（2）合理设计书面语言：当老年患者存在听觉功能障碍或对医生陈述的内容无法理解时，医护人员可以适当采取书面语言沟通的形式进行交流。沟通时可以运用简明的图表、图片或模型来解释某些过程，也可以将表述的问题概括成简短的词语，写在卡片上供老人辨识。进行书面语言沟通时，要注意将文字或图表加粗加大，以方便老人阅读。面对记忆力不佳的老年患者也可通过书面语言，将其应注意的事项以小卡片的形式列出，以此提醒健忘的老年患者。

2. 提高语言沟通技巧

（1）尊敬的称呼：用尊敬的称呼称谓老年患者，可使老人感到亲切并且产生被重视的感觉，激发老人谈话的兴趣。

（2）恰当使用交谈的起始语：多用征求的话语展开谈话，如“您今天要谈什么，由您老做主。”“您今天想和我说什么吗？”“您现在是怎么想的？”等。

（3）适当的语速：交谈语速要和缓，给老年患者足够的思考与反应时间。语速较快又较难理解时，容易引发老年患者的烦躁情绪。

（4）恰当处理沉默：由于老年患者自身的生理和心理特点，在谈话过程中常会出现沉默的情况，沉默的原因主要有四种。①老年患者在寻求医护人员的反馈信息，希望得到肯定和鼓励。②老年患者由于记忆力衰退、注意力不易集中等原因，导致思维经常中断，需要时间进行回想。③老年患者由于各器官功能减退，常出现遗尿、大小便失禁

等羞于表述的难言之隐。④老年患者情绪敏感而脆弱，在诉说过程中常伴有感慨和思路的自然延伸。面对以上四种原因的沉默，医护人员要耐心理解并做出相应反馈，巧妙利用沉默达到“此处无声胜有声”的效果。

（5）安慰性语言：医护人员对老年患者的安慰，其温暖是沁人肺腑的，所以医护人员要善于运用安慰性语言。这种关心的语言既能使患者心情愉悦，感到亲切温暖，又能对疾病起到辅助治疗的作用，对患者的身心健康及提高医疗护理的效果是大有益处的。

（6）鼓励性语言：是对患者的良好心理支持，如“您这样想非常好。”“您打算怎么做呢？”“您对这件事处理得挺好。”“您讲得挺清楚的。”“……对呀，那后来呢？”等，要多给患者称赞，避免与他发生争执，或请他讲成功的经验，称赞他学识渊博。此外，还应尊重老年患者的风俗习惯、人格及信仰。

（7）劝说性语言：当老年患者不配合检查治疗时，医护人员要给予耐心的劝说，用温和的态度、体贴的语言劝说患者配合医疗护理。例如，医护人员：“大爷，您看这几天病情都见好了，按照病情我们还需要坚持用几天药，这样可以巩固疗效，防止复发的。您不是盼着早日出院吗？再用几天药就可以出院了，要不回去复发，再来医院就更麻烦了。”这样晓之以理，患者是愿意服从的。如果此时采用的是强硬责怪的口气，强迫患者服从医疗护理，效果会适得其反。例如，医护人员：“你这老头儿，不用药病能好吗？都是为了你好，好像我们求你似的，医嘱都已经下了，你今天怎么也得用药。”这样的话语，由于带有责怪、强迫的语义，只会产生两种结果：一是患者不服从；二是即便服从了，内心也是极度反感和不悦，不能使患者在身心愉悦的情况下接受医疗护理。这对患者的身心健康是极为不利的。

（8）避免使用伤害性语言：老年人性格敏感，自控能力较差，常会被负面情绪控制，如焦虑、恐惧，孤独，忧郁，偏执，暴躁，自卑、自弃等，因此与老年患者沟通时要尽量避免使用伤害性语言。伤害性语言不仅指诸如训斥、责怪、威胁、讽刺等直接伤害性语言，也包括沟通中不慎流露出的消极性语言，如对疾病的一味夸大、对死亡的反复提及都会触碰老年患者敏感的神经。同时，医护人员在老年患者面前应避免窃窃私语，以免患者误以为是在讨论其病情，从而产生猜疑、不安、恐惧等心理，对身心造成不良影响，进而影响治疗的效果。

链 接 爱丁堡宣言

医学教育的目标是培养促进全体人民健康的医生。患者理应指望把医生培养成一个专心的倾听者、仔细的观察者、敏锐的交谈者和有效的临床医师，而不再满足于仅仅治疗某些疾病。

——世界医学教育联合会（World Federation for Medical Education, WFME），
1988 年，英国爱丁堡

3. 围绕主题，适时反馈

（1）巧妙引回主题：老年患者多伴有不同程度的动脉硬化，有的表现为脾气古怪、烦躁、偏执、情绪不稳、记忆力下降等。在交谈中极易偏离主题，医护人员应该耐心地

围绕主题与之沟通，当患者偏离主题夸夸其谈时，一定要及时巧妙地将话题引回到主题上。

（2）重视反馈信息：医护人员适时就理解性的内容进行反馈，可用简单重复的话进行反馈，或用适当简单的形式进行反馈，这样可使沟通延续和融洽。

4. 恰当使用非语言沟通技巧

（1）触摸：当老年患者孤独、伤心、恐惧时，特别需要医护人员充满温暖与关爱的触摸。特别是当年老年人丧偶或濒于死亡时，更需要触摸的安慰。触摸中应注意：①尊重老年患者的人格与尊严，充分考虑其文化背景。②触摸采用循序性，如先触摸手、上臂与肩膀等。③根据患者的表情、肌肤的紧张或松弛、身体姿势的退缩或前倾来判断患者的心态，从而对触摸进行调整。④对行动不便的老年患者可以适当地搀扶。

（2）手势：当患者不能清楚表达其意或对医护人员的意思不能很好地理解时，可用手势辅助表达（图 9-2）。

图 9-2　手势

（3）目光接触：对有认知障碍的老年患者，沟通时要有恰当的目光接触，由此患者可获得感知、认同、肯定的信息。

（4）恰当姿势：采用恰当的姿势可以提高老年患者的视觉效果，感受医护人员的平等相处。例如，医护人员询问病情时，身体前倾坐在患者床旁，或适时下蹲或俯下身子，都会让患者感到平易近人、易于接触。

5. 关注老年患者的情绪　老年患者的感情是比较脆弱的，当不顺心或遇到突发的变故时，容易表现出焦虑、烦躁、紧张、恐惧、沮丧等情绪。此时，医护人员应多予以理解，并用语言加以劝导、疏泄。例如，“我和您一样难过。”“我理解您的心情。”“您怎么了？能和我说说吗？”等，以缓解、平复患者的情绪。

6. 尊重老年患者　与年轻患者相比，老年患者更有被尊重、认可、重视、拥戴的需要。老年患者社会交往能力降低，难以实现自身的价值，有的甚至失去家庭的帮助，会经常有不被社会尊重的感觉。所以，与老年患者沟通时，要主动打招呼，耐心听其诉说，并主动帮助他们，使老年患者感受到被尊重，并且重新树立信心。

7. 提供优质服务　老年患者因身体功能的减退，患病后自理能力降低，加之被尊重的需要，他们往往比一般患者更需要关心、照顾和救助。医护人员要学会更加细心体贴地关爱老年患者，充分理解他们的心情和入院后的真实感受，发现问题及时解决，以提供优质的医疗护理服务。

二、医护人员与危重疑难病患者及家属的沟通

（一）危重疑难病患者及其家属的需求

危重疑难病例是指病情危重，在诊治过程中既困难又矛盾的病例。危重患者往往由救护车送来，病情危重，突发性强，来院时可能已经濒临死亡。一方面是生命垂危的患

者，一方面是渴望起死回生的护送家属，他们怀有恐惧、紧张、烦躁、焦虑和垂危感，迫切希望医护人员能实施迅速有效的抢救。此时医护人员不能有分秒耽搁，应迅速查体，认证准确，处置果断，全力投入抢救。同时第一时间向上级医护人员、主任及护士长汇报，组成强有力的抢救团队，必要时还要汇聚各科力量共同投入抢救。

疑难病患者及家属希望能尽快得以诊断及针对性的治疗，一旦病情复杂，难以明确诊断，便会产生悲观、不满情绪，并对医务人员失去信任。有些患者及家属由此会对病情进行胡乱猜测，同时认为所在医院技术水平低，没有能力诊断和治疗疾病，因而失去了战胜疾病的信心和勇气，导致主动配合治疗的依从性严重降低。

（二）医护人员与危重疑难病患者的沟通技巧

危重病例往往处于濒临死亡或诊断难以确立的状态，虽有抢救生存的一线希望，但此时患者已经失去了沟通和掌控自己命运的能力，家属和亲人变成了沟通的对象。因病情危重，来不及进行各种辅助检查，只能是凭经验全力抢救和治疗。此时明确诊断较为困难，沟通难度加大，家属有烦躁不安、恐惧、焦虑的心情，因而任何过激的行为都可以理解。医生面临的是医疗诊断受限的压力，同时还要承受患者家属期望值过高的压力。尽管如此，医护人员还是要做到不仅让患者家属明确患者目前状态的危险性，而且要把全力以赴的抢救贯穿在整个治疗过程中。在某种程度上，医护人员积极的抢救胜过任何形式的语言沟通。危急情况下，语言沟通必须有积极的抢救及人文关怀作为基础，这样才能收到比较好的沟通效果。医护人员应让患者家属感受到其关爱生命、珍惜生命、挽救生命的精神，面对危急的生命争分夺秒、全力以赴，只要有百分之一的希望，就应尽百分之百的努力。家属会因看到医务人员像对待自己的亲人一样全身心地投入抢救而有所安慰。在危重疑难病例的抢救中，医方各个环节的表现都会影响沟通效果。

危重疑难病例的沟通应做到以下七个方面。

1. 一切为患者着想，全力为患者服务 危重疑难病患者及家属心理上承受着巨大的压力，医护人员应以敏锐的观察力及时发现他们内心的变化。例如，神志清醒的患者看到床边各种监护仪器和抢救设备，内心会非常紧张、焦虑，此时医护人员应适当解释与安慰。在进行吸痰、气管内滴药、使用呼吸机等医疗护理操作时，应向患者告知可能有不适的情况。气管插管的患者不能说话，医护人员可以用“语言图片”与之沟通，了解其需求，并尽量予以满足。

2. 尊重患者，保护隐私 医护人员在进行各项操作时，要充分尊重患者，保护隐私。换药、导尿、灌肠、协助排便时要用屏风遮挡。

3. 封闭式提问 重症患者极度虚弱，沟通应力求简短，采用封闭式提问，如“您头还疼吗？”“您哪儿不舒服？”等，患者回答为“痛”或“不痛”，“某某部位”或用手指向某部位，这样可以照顾患者，节省时间。

4. 急患者之所急 每个环节都应体现以抢救患者为中心。医护人员应表情紧张而严肃，行动快速而敏捷，治疗沉着而稳重，抢救迅速而有序。

5. 立足患者病情实际，合理选择沟通语言 面对危重疑难患者，医护人员要态度和蔼，语气深沉和缓，从而消除患者的恐惧感。向危重疑难患者交代病情时，应由科室或抢救治疗组与患者家属进行沟通，沟通时应向家属说明患者目前的客观情况及可能存在的危险，并向其说明接下来的治疗方案及预后。沟通过程中要注意尽量选择疏导性语言，用自己的语言行动感化患者，尊重并安慰患者及亲属，通过沟通消除患者的心理顾忌，建立其接受治疗的最佳心理环境和应激状态。

6. 如需转院，及时告知　对于需要转院治疗的患者，应及时告知，且详细告知患者及家属在转院途中的注意事项及不转院需面临的风险，并履行书面签字程序，是否转院由患方权衡利弊做出抉择，医方只能拿出意见，做好参谋，供其参考。切忌为其做出决定，这样既可以规避风险，又可以充分尊重患者及家属的知情同意权。

7. 阐明目前医疗诊治的水平　应向患者家属阐明相关疾病的目前国内诊治水平和现状，使其了解医学是一门自然科学，所以对疾病的认识是有限的，医学并非无所不能，很多疾病还不能根治。医学的发展只能是无限地趋于进步、完善、成熟的过程。使之了解疾病发生、发展、预后和转归的客观规律，正确地理解疾病、认识疾病、对待疾病。

链 接　行医之道

美国纽约东北部的撒拉纳克湖畔，镌刻着特鲁多医生的名言："有时去治愈；常常去帮助；总是去安慰。"

特鲁多医生曾说："医学关注的是在病痛中挣扎、最需要精神关怀和治疗的人，医疗技术自身的功能是有限的，需要沟通中体现的人文关怀去弥补……"他的"有时、常常、总是"像人生的三个阶梯，一步步升华出三种为医境界，是众多医务工作者行医之道的座右铭。

第5节　有效处理医患冲突

案例 9-5

患者，男，85岁，以右侧肢体偏瘫伴言语不清3小时入院治疗，入院时神志清楚，运动性失语，右侧鼻唇沟浅，伸舌右偏，头颅CT检查未见异常。

患者入院后诊断为脑血栓并进行相应的治疗，第二天患者出现发热、躁动、消化道出血，意识不清、肢体瘫痪加重、病情危重，及时复查CT，显示左侧大脑中动脉阻塞。家属对诊断治疗提出质疑，对医护人员横加指责，医患关系骤然紧张。医护人员一边全力抢救，一边及时与家属沟通，对患者的病情进行解释，使家属逐渐理解、接受。患者最终因病情危重，呼吸、循环衰竭死亡。但家属被医护人员的全力抢救及表现出的爱心、热心、耐心、细心、同情心感动，最后向医护人员表达了歉意。

问题：在抢救突发危重患者的过程中，如何与患者家属进行有效的沟通？

在医疗护理工作中，医护人员经常处于高负荷的工作状态，患者及其家属则处于焦躁不安的心理应激状态，特别是患者濒临死亡时，患者家属极易产生悲痛、不满、质疑等情绪，若医护人员处理不当，严重时则会引发医患冲突。因此，医护人员在与患者及其家属沟通时，应充分体恤患者及其家属的心情，耐心为其解答相关问题，诚恳劝慰，及时化解医患冲突。

一、医患冲突的原因和分类

（一）医患冲突的原因

引发医患冲突的因素包括医源性因素和非医源性因素。医源性医患冲突是由于医护人员的医疗护理水平、服务态度、责任心、沟通技巧、职业道德及法制观念等方面的问题，使患者切身利益遭受损失而引发的冲突。非医源性医患冲突是由于患者及家属缺乏医疗护理常识，对医疗护理产生误解与质疑，对现行医疗制度不理解，或者受不良经济利益驱使而引发的冲突。具体原因有以下七点。

1. 期望与失望的冲突 患者对医护人员的医疗技术、护理水平、医德医风、职业素养、沟通能力都有较高的期望值。无论哪方面与期望反差大，患者都会产生失望感，成为医患冲突潜在的导火索。

面对患者的高期望值，医护人员更应努力钻研医术、热情服务、提高自身素养；同时要善于沟通，及时解释与引导，否则极易产生医患冲突。例如，患者入院后，医护人员要及时接诊、问诊、查体、进行辅助检查及相应的治疗。此时患者及家属对医护人员是非常期盼的。若等待较长时间，仍不见医护人员前来接诊，便会引发冲突。而此时医护人员可能在抢救一位新来的危重患者，或正在查房会诊。遇到此类情况，医护人员应事先沟通，告知病房的应急情况，这样患者就会理解先重后轻、先急后缓的治疗举措，就不会因为误解而产生冲突。

2. 外行和内行的冲突 患者与医护人员存在知识结构的差异，这也是患者反复询问的原因。医护人员如对这些知识感到肤浅或者感到习以为常，表现出不屑一顾或缺乏足够的耐心，就容易引起医患、护患关系紧张。

例如，一名病毒性心肌炎的患儿，经入院治疗后，心率总是降不下来。患儿母亲非常着急，反复进行询问，医护人员虽多次解释心率的增快是心肌炎导致的，是需要心肌炎症逐渐消退才能降到正常范围的，而炎症的消退是需要一段时间的。治疗中已经采取了降低心率的措施，但心率真正的降低需要心肌炎症的好转，这需要一个过程。但患者母亲由于担心，加之对医学知识不了解，还是每隔半小时就来焦急地询问医护人员，当班医护人员不耐烦地说；“和你说多少遍了，怎么还问呢？听不懂是咋的？没看我们正忙着吗？”患者母亲听后，觉得当班医护人员缺乏爱心、耐心及同情心，随即便产生了冲突。此时，若医护人员服务热情，耐心解释，多从患者的角度考虑问题，善于沟通，就会避免冲突的发生。

3. 需求与满足的冲突 许多急症、重症、老年、残疾患者入院后，由于自理能力部分或完全丧失，渴望医护人员的帮助和精心护理。面对患者的合理要求，医护人员理应尽量满足，但医护人员每天都要治疗护理大量的患者，很难满足所有患者的需求，所以极易产生不解和冲突。

4. 质量和疗效的冲突　通常情况下，医疗护理质量好，疾病的诊断、治疗效果就好。而由于某些疾病的特殊性及复杂性，一时难以诊断。还有一些疾病病因不清，治疗上并没有针对性的方法，只能采取对症治疗，这会影响治疗的效果，而患者对此并不知晓，便会错怪医护人员，导致发生冲突。

5. 依赖与独立的冲突　由于疾病恢复期，患者发生了角色强化，部分患者不愿意回归其社会角色，在躯体恢复健康的同时，反而对医护人员的依赖感增强。此时，医护人员应帮助患者重建自信，增强独立意识，提高社会适应性。

6. 伤残与健康的冲突　因病致残患者的自卑及对健全体魄的渴望使其内心产生强烈的冲突。特别是肢体伤残或毁容的患者，在即将出院时，往往自惭形秽，容易情绪失控地把伤残的恼怒发泄到医护人员身上；也不能正确感受医护人员善意的劝说，甚至产生逆反心理，常常表现为拒绝配合医疗护理工作。此时，医护人员应体恤患者的自卑心情，积极疏导，这样才能防范冲突的产生。

7. 偏见与价值的冲突　社会各层次的患者对护士的职业价值看法不同，甚至存在对护理职业的偏见。有的患者把这种偏见带到护患交往中来，常常流露出对护士工作的曲解。一直受职业价值困惑的部分护士对患者的消极评价特别反感，难免以消极的态度对待患者，极易与其争执并引发冲突。

（二）医患冲突的分类

1. 责任性冲突　是指因医护人员责任心不强，态度消极，或违反操作原则，导致患者非正常死亡、残疾、病情加重或引发不良后果，并应由医护人员承担主要责任的冲突。如果医护人员责任心强，严格遵守操作规范，就可以杜绝责任性事故的发生，避免医患、护患冲突的发生。

2. 技术性冲突　是由于医护人员专业知识不扎实、操作治疗技术不熟练，影响了患者的治疗，增加了患者的痛苦，导致并发症及非正常死亡而引起的冲突。此种冲突极易引发医患冲突与纠纷。如果医护人员认真钻研医术，技术精湛，就会杜绝或减少技术性冲突的发生。

3. 道德性冲突　是由医护人员不遵守职业道德，缺乏爱心和同情心，不能耐心体贴地对待患者造成的。其表现为医护人员服务态度恶劣，沟通生、冷、硬、顶，说话训斥，不讲技巧，不理睬或不耐心解答患者提出的问题等。近年来，随着“医疗质量万里行”优质护理服务活动的开展，由道德性冲突引发的医患、护患冲突已明显减少。

4. 经济性冲突　患者对医疗收费标准不了解，或某些医院收费行为不规范，造成患者对医疗费用产生质疑，引发冲突。医护人员应对此进行有效的沟通，耐心地解释各收费项目的来由，以消除患者疑惑，从而避免产生冲突。

5. 认知性冲突　是指因患者与医护人员对医学专业知识了解程度不同，对治疗、护理过程出现的问题存在认知的偏差而引起的冲突。例如，对住院患者一般都要根据病情复查各种辅助检查，而患者认为，入院时已经做过了，为什么还要反复做？以为医护人员只是片面追求经济利益，因而出现反感与抵触情绪，甚至不配合检查、引发冲突。

6. 恶意性冲突　是指个别医护人员利用职业特权故意伤害患者，使患者的身心受到不良刺激。故意伤害主要表现为不及时给患者治疗、不及时给患者护理、故意不按操作规程操作。这种恶意性伤害行为为国家法律所不容。虽然此类冲突多为个别现象，但由于性质恶劣，严重影响了医护人员的形象。

二、医患冲突的处理

考点
医患冲突的处理原则和技巧

（一）医患冲突的处理原则

1. "以健康为中心"的原则　医护人员要树立"一切为了患者，以健康为中心"的原则。充分尊重、关心、体贴患者，提高医疗护理质量，热情为患者服务，尽量满足患者的合理需求。对患者遇到的各种困难及时予以帮助、解决。建立融洽的医患、护患关系。面对冲突事件时，医护人员首先要从自身查找原因，设身处地地体恤患者的心情，心平气和地与患者沟通。如果医护人员存在错误，应主动道歉，以稳定患者的情绪。

2. 沉默倾听原则　当冲突发生时，患者情绪会很不稳定。医护人员为了解事件发生的全过程，首先应该沉默倾听，而不是发生争执。耐心倾听才能了解患者内心不满的原因。但倾听时应注意保持与患者的目光接触，不要做出漠不关心、不可理喻的表情，否则，患者会认为医护人员对其不关心、不重视，极易误解而导致冲突的升级。

3. 换位思考原则　冲突发生时，医护人员要多做换位思考，充分尊重患者，理解和同情患者的感受，多从患者的角度考虑问题，诚心诚意地化解冲突。

4. 积极处理原则　冲突发生后，医护人员不应逃避冲突，而应及时沟通，积极处理。当患者对冲突事件中的医护人员偏见较深时，可由其他医护人员先行出面沟通、劝解，以免冲突进一步升级。待患者情绪稍稳定，并知晓当时冲突过激时，相关医护人员或领导再出面和解、沟通，往往会收到较理想的沟通效果，也有助于冲突的妥善处理。

5. 防微杜渐原则　努力查找冲突原因，以此为戒，防微杜渐，避免类似情况再次发生。

（二）医患冲突的处理技巧

1. 认真接待　对待患者投诉，一定要认真、严肃，让患者感到医护人员具有处理冲突的诚意。接待中应礼貌称谓对方，礼貌让座，也可递上一杯水，稳定患者的情绪。应举止端庄，谈吐优雅，彬彬有礼，及时记录，适时进行目光交流。让患者感到被理解、被接纳，为冲突的妥善解决奠定基础。

2. 稳定情绪　在激烈的冲突中能心平气和地对待患者，是医护人员较高的职业素养表现。医护人员要善于在冲突中稳定情绪，这将有利于冲突的化解。

3. 沉着冷静　在医患冲突或纠纷发生时，医护人员要保持沉着冷静，切勿冲动，避免因冲动说出伤害患者的话，使矛盾升级。

4. 倾听发泄　通过倾听，可与患者保持良好的沟通。应让患者把心中的不满充分发泄出来，以找到矛盾冲突的症结所在，了解患者内心真实的想法。

5. 避免争执　争执只能使冲突升级，不便于解决问题。冲突发生时，医护人员切忌与患者发生争执。适当的沉默会使患者的情绪逐渐平息下来。

6. 人文关怀　在沟通中，医护人员应时刻体现对患者的人文关怀，善于理解、同情、关爱患者。医护人员友善的举止、温和的态度、亲切的话语、细心的体贴会使患者感到温暖，有利于冲突的及时化解。

7. 机智友善　当患者责难时，医护人员应思维敏捷，耐心解释，机智应对。同时，对患者提出中肯的意见和建议时，应表示虚心接受，并在工作中积极改进，使患者满意。

8. 求同存异　在沟通中出现观点分歧、对谈话内容有异议时，可采取求同存异的方法，在不违反规章制度、不妨碍医疗护理的情况下，暂且放下争议，待双方冷静后再委婉表达各自的意见。

9. 维护权利　医护人员要以认真谨慎的态度，尊重和维护患者的知情同意权，使患者对病情、治疗护理方案、病程、预后、医疗费用都充分知晓。手术、治疗护理操作、各项检查都应在患者及家属同意后方可实施。通过沟通尚不能解决的涉及技术方面的问题，应通过规范的程序进行解决，如协商、和解、鉴定及法院公平的裁决。对于个别经劝告仍不能按正常的规范程序解决医患冲突，而是伺机寻事生非、挑起医闹者，应及时通过法律手段进行制止、控制，以维护正常的医疗护理秩序。

实践训练　防范医患冲突的沟通技巧

主题：防范医患冲突的沟通技巧		地点：教室	时间：2课时	
目标：1. 模拟医患冲突的情景，掌握其接待、沟通、协调、告知及处理工作的技巧 2. 学会运用沟通技巧化解医患冲突，或使其得到规范、公正的解决				
活动名称	活动流程	学生准备 物品准备	注意事项	时间分配
阅读实训材料	阅读以下材料：刘×，男，65岁，因持续性胸骨后剧痛1小时急诊入院，入院前两次发生晕厥，入院后诊断为急性心肌梗死合并严重心律失常、心力衰竭、2型糖尿病、高血压。患者已没有转院体征，经抢救无效于入院后4小时死亡	1. 物品：医护服装、病历本、病危通知单、记录本、笔、水杯 2. 器械：办公桌、椅子	让学生观察视屏细节，注意发现问题，找出沟通技巧	10分钟
分组展示	将学生分成4～5人一组，其中2～3人为患者家属角色，2人为医护角色 由组长组织讨论、布置场景、准备物品及器械，以小组为单位模拟情景，进行对话沟通 教师提前说出注意事项并在实训中予以指导	进行分组并推选组长	能合理运用沟通技巧，如倾听、记录、沉默、同情等，体现一切为了患者的理念	65分钟
技能收获	1. 观众点评 2. 评选出优秀组 3. 教师讲解常见问题和注意事项	示范并录像	请学生认真记录并总结	10分钟
活动小结	总结本次活动的表现			5分钟

自测题

一、单选题

1. 一般情况下，医患沟通发生障碍时的主要责任人是（　　）
   A. 患者　　B. 护士
   C. 医生　　D. 患者家属
   E. 护士和患者
2. 接待发热的患儿，医护人员最合适的非语言沟通形式是（　　）
   A. 和他保持在私人距离内
   B. 面带微笑，正面注视
   C. 用手轻轻地触摸
   D. 注重自身的形象
   E. 用手势请他入座
3. 护士小张为六月龄的婴儿进行静脉穿刺，两次均未成功，患儿家属情绪激动地进行投诉。此类冲突属于（　　）
   A. 技术性冲突　　B. 责任性冲突
   C. 道德性冲突　　D. 恶意性冲突
   E. 经济性冲突
4. 关于医护人员与重症患者的沟通，错误的是（　　）
   A. 理解患者的感受，满足患者的需求
   B. 尊重患者人格，维护患者权利
   C. 封闭式提问
   D. 对患者的需要及时反应
   E. 开放式提问
5. 医生问诊的技巧，下列不正确的是（　　）
   A. 应围绕病情进行提问
   B. 可以连续提问，让患者回答
   C. 要避免做提示性诱问
   D. 应从患者感受最明显的问题问起
   E. 可以交替使用开放式提问和封闭式提问

二、简答题

1. 简述病史询问、接诊、治疗中的沟通技巧。
2. 简述医生与老年患者的沟通途径和方法。
3. 简述医患冲突的处理技巧。

（韩景新）

参考文献

何二毛，冯霞，2016. 大学生职业规划与创业导航 . 北京：科学出版社 .

贺伟，肖丹，2013. 人际沟通 . 北京：科学出版社 .

季跃东，2012. 大学生职业发展与就业指导 . 北京：科学出版社 .

奚锦芝，孔令俭，2015. 护理礼仪与人际沟通 . 北京：中国中医药出版社 .

喻友军，屈刚，陈云华，等，2019. 2019 年国家护士执业资格考试应试宝典 . 北京：科学出版社 .

张程山，李毅，2012. 职业道德与职业生涯规划 . 北京：科学出版社 .

钟海，莫丽平，2016. 人际沟通 . 4 版 . 北京：科学出版社 .

钟海，孙敬华，2012. 人际沟通 . 3 版 . 北京：科学出版社 .

自测题（单选题）参考答案

第1章

1. D　2. B　3. D　4. B　5. D　6. E　7. C　8. C　9. D

第2章

1. C　2. E　3. D　4. C　5. C　6. C　7. E　8. A　9. E

第3章

1. D　2. B　3. C　4. C　5. B　6. D　7. C　8. A

第4章

1. A　2. D　3. D　4. C　5. C

第5章

1. C　2. A　3. E　4. C

第6章

1. A　2. D　3. B　4. C　5. D

第7章

1. B　2. E　3. E　4. A　5. B

第8章

1. D　2. D　3. D　4. B

第9章

1. C　2. C　3. A　4. E　5. B